Michael Winckler

Die Krise kommt...
...und sie trifft uns unvorbereitet

Ein praktischer Ratgeber für den Notfall

HOHENRAIN TÜBINGEN

Druck und Bindung: Kösel, Krugzell
Gesamtgestaltung: Claude Michel, Rottenburg a. N.

Die Deutsche Bibliothek – CIP-Einheitsaufnahme

Winckler, Michael :

Die Krise kommt... und sie trifft uns unvorbereitet :
Ein praktischer Ratgeber für den Notfall /
Michael Winckler.- Tübingen : Hohenrain-Verlag 2008
ISBN 978-3-89180-083-6

ISBN 978-3-89180-083-6

© 2008 by Hohenrain-Verlag GmbH
Postfach 1611, D-72006 Tübingen
www.hohenrainverlag.de

Gedruckt in Deutschland

Alle Rechte, insbesondere das der Übersetzung in fremde Sprachen
vorbehalten. Ohne ausdrückliche Genehmigung des Verlages sind
Vervielfältigungen dieses Buches oder von Buchteilen auf fotomechanischem Weg (Fotokopie, Mikrokopie) nicht gestattet.

DIE KRISE KOMMT...

Inhaltsverzeichnis

1. Warum ein Handbuch für den Ernstfall? • 9

Deutschland 2008 – ein sicheres Land? Bedrohungsszenarien *16*

2. Allgemeine Empfehlungen • 31

Was kann man tun? *33*
Der Bürger und der Staat *33*

3. Vorbeugende Maßnahmen für den Ernstfall • 43

A. Handeln im Notfall *45*

B. Kommunikation *47*
   Informationsquellen Fernsehen, Radio und Internet *47*

C. Trinkwasservorräte (keimfreies Wasser, Behälter) *49*

D. Nahrungsmittel *51*
1. Staatliche Reserven für den Notfall – jederzeit verfügbar? *51*
2. Private Vorsorge *52*
3. Wissen Sie, wieviel Ihre Familie innerhalb von 14 Tagen ißt? Der Vorratsrechner *53*
4. Tipps für die Vorratshaltung von Lebensmitteln *53*
5. Vitamine *56*
6. Natürliche Nahrungsergänzungsmittel *59*
7. Methoden zur Haltbarmachung von Lebensmitteln *60*

4. Energiefragen • 65

A. Energieausfall *67*

B. Notstromaggregate, andere Energiequellen, Batterien *69*

C. Kamine und Öfen *71*
   1. Allgemeine Empfehlungen *74*
   2. Wichtige Voraussetzungen *75*
      Tip *75*

5. Werkzeuge • 77

Werkzeuge *79*
Werkzeugkoffer (Vorschlag) *79*

6. Mobilität, Fahrzeuge • 81

Auto *83*
Werkzeugsatz Auto (mit Werkzeugkoffer abstimmen) *83*
Wohin im Krisenfall? *84*
Einige Grundregeln *85*

7. Gesundheit • 87

A. Hygiene *91*
    Tips für die Vorratshaltung *91*

B. Medizinische Versorgung *92*
    Die Hausapotheke – Tips für die Notfallvorsorge *93*

C. Erste Hilfe-Maßnahmen *98*

D. Kleine Pflanzenkunde einheimischer Heilkräuter *109*
    Welchen Tee nehmen? *109*
    Und wie wäre es mit einem Saft? *118*

8. Notgepäck, Kleidung • 119

A. Der Notfall und seine Ausrüstung *121*
    Notgepäck *121*

B. Kleidung für den Notfall und das Notgepäck *123*

C. Dokumentensicherung *125*

9. Psychologie des Überlebens • 127

Streß *129*
Kennen Sie sich selbst? *131*
Überleben in der Gruppe *131*
Selbsthilfemaßnahmen *131*

10. Verhalten bei Naturkatastrophen • 133

A. Unwetter *136*

B. Hochwasser *138*

C. Gewitter *140*

D. Hagel und Stürme *141*

11. Brandschutz • 143

Allgemeine Hinweise zum Brandschutz *145*
A. Verhalten bei einem Brand *146*
B. Verhalten bei Waldbrand *147*

12. Der ABC-Fall • 149

A. Verhalten bei Bombenattentaten *151*
B. Verhalten bei einem Atomwaffeneinsatz, Atomunfall,
   die ›schmutzige Bombe‹ *153*
   1. Die atomare Bedrohung *154*
   2. Der Atomunfall *163*
   3. Die ›schmutzige Bombe‹ *166*
   4. Die Jod-Versorgung *166*
C. Biologische und bakteriologische Gefahren *168*
D. Chemieunfälle und chemische Waffen *182*
   1. Chemieunfall *184*
   2. Terroristen und Chemie *188*

13. Verhalten bei gewalttätigen Auseinandersetzungen • 189

Zivilschutz *191*

14. Überleben in der Natur 199

1. Die Ressourcen unserer Natur –
   Was kann man essen? *203*
   Wildgemüse *203*
2. Kleine Wetterkunde *205*

15. Anhang 207

A. Adressen von Organisationen
   u. U. auch Schweiz und Österreich) *209*
   Hilfsorganisationen / Schulungsangebote *210*
   Notfallvorsorge und Ernährungsprobleme *210*
   Allgemeine Informationen zu Ernährungsfragen *212*
   Literatur *212*
B. Ausrüstungen und Versender *213*
   Survival- und Expeditionsausrüster *213*
   Militaria-Ausrüster *213*

Personenverzeichnis

Signale! *215*
Selbstverteidigung *216*
Schutzanlagen u. Bunker *216*
Die beste Auswahl an Messern *217*
Medizin-Ausrüster/Versender *217*
Medizinische Ratgeber *217*
Adressen der Tropeninstitute in Deutschland *218*
Wetter *221*

C. Literaturempfehlungen *222*
Survival *222*
Medizin *222*
Katastrophen- und Notfallmedizin *222*
Homöpathie *222*

D. Checklisten zu allen Bereichen der Notfallvorsorge *224*
Grundsätzliches *224*
Checkliste ›Handeln im Notfall‹ *225*
Checkliste ›Signale und Kommunikation‹ *226*
Sirenensignale und ihre Bedeutung *226*
Checkliste ›Kommunikation‹ *227*
Signaleinstrumente *227*
Checkliste Dokumente *228*
Checkliste ›ABC-Schutz‹ *229*
ABC-Schutz *229*
Wasserreinigung und Wasserspeicher *229*
Checkliste ›Vorratshaltung‹ *230*
Checkliste ›Hygiene‹ *231*
Checkliste ›Hausapotheke‹ *231*
Checkliste ›Verhalten bei Gefahr durch chemische Stoffe‹ *232*
Checkliste ›Verhalten bei Gefahr radioaktiven Fallouts‹ *234*
Checkliste ›Notgepäck‹ *235*
Checkliste ›Kleidung‹ *236*
Behelfsmäßige Schutzkleidung *236*
Checkliste ›Werkzeugkoffer‹ *237*

1. Warum ein Handbuch für den Ernstfall?

»Im September 2007 bestand für die gesamte Weizenreserve der Welt nur noch ein Überschuß von 30 Tagen. Australien, bislang einer der größten Weizenproduzenten, leidet seit einigen Jahren unter einer katastrophalen Dürre und ist als Weizenproduzent völlig ausgefallen. Rußland hat in diesem Jahr jeglichen Export von Weizen gestoppt. Die Preise für Futterweizen haben sich gegenüber dem Vorjahr verdreifacht. Ein Ende der Preisentwicklung ist noch nicht absehbar und wird sich massiv auf die Erzeugerpreise anderer Lebensmittel, insbesondere von Fleisch, auswirken. Experten beurteilen die Situation als dramatisch, zumal aktuell bereits deutliche Verknappungen von landwirtschaftlichen Betrieben und Mühlen gemeldet werden.«

Die Welt auf dem Weg in die Krise.

Dies ist keine Horrornachricht, sondern der seriöse Bericht eines Insiders. In der Zwischenzeit ist die Lebensmittelkrise in den Schlagzeilen, beraten Politiker in vielen Ländern über Schutzmaßnahmen.

Stündlich werden über tausend Hektar Regenwald abgefakkelt, um Platz für Soja- und Palmölplantagen zu schaffen. Es ist fraglich, ob sich die Menschheit auf dem richtigen Energiepfad befindet, nur um ihren größeren Energiehunger zu stillen. In der EU sollte der Anteil an Bio-Sprit auf 10 Prozent gesteigert werden, was Nahrungsmittel-Anbauflächen von 18 Prozent zum ›Verbrennen‹ bestimmt hätte.
Foto: Paul Langrock.

Der Soja-Anbau ist Ursache für die Entwaldung von Millionen Hektar in Brasilien und Argentinen. Ein Ende ist nicht in Sicht. 2006 gingen über 50 Prozent der Maisernte von Iowa und South Dakota an Ethanol-Raffinerien. Einem vertraulichen Weltbank-Bericht zufolge treibt der Biosprit die Lebensmittelpreise in die Höhe.

Unser Alltag ist gut organisiert, so scheint es zumindest. Was ist, wenn aber der gewohnte Ablauf plötzlich gestört ist, wenn zentrale Strukturen zusammenbrechen? Der Fall Münsterland mit dem mehrtägigen Zusammenbruch der Energiesysteme hat gezeigt, wie störanfällig unsere Gesellschaft ist. Und dies war nur ein kleines Beispiel. Der allseits wahrnehmbare Klimawandel wird uns noch vor ganz andere Herausforderungen stellen.

Von der Präventionsgemeinschaft zur Reaktionsgemeinschaft!

Wir sind bequem geworden, verlassen uns selbstverständlich auf das staatliche Netz, eine Gesellschaft mit ›Vollkasko-Mentalität‹. Aus der ›Präventionsgemeinschaft‹ ist die ›Reaktionsgemeinschaft‹ geworden.[2] Wir informieren uns über das Internet und die Medien. Was ist, wenn diese ausfallen? Die Frage wird verdrängt – noch. Das einfache Fehlen von Batterien für das Kofferradio – so vorhanden – schneidet schon im Ernstfall von jeder Möglichkeit zur Information ab.

Wir glauben nicht mehr an einen Krieg, und unter Verweis auf geänderte Bedrohungsszenarien gab das Bundesinnenministerium über 2000 Zivilschutzbunker und Schutzräume auf. Oder steckt dahinter eine bewußte Maßnahme, um der Prävention mittels Überwachung Argumentationshilfe zu leisten?

Ist der Terror heute die einzige Bedrohung? Rußland modernisiert gerade sein Atomwaffenarsenal und verlegt Kurzstreckenwaffen an die polnische Grenze, die Abrüstungs- und Kontrollverträge sind entweder gekündigt oder ausgesetzt, die USA führen die vierte Generation moderner Kernwaffen ein und erhöhen ihre Truppenstärke in Deutschland. Weltweit sind die Rüstungsausgaben auf die Rekordhöhe von 900 Milliarden Euro gestiegen.

Der Ton wird rauher, Frankreichs Staatspräsident Sarkozy droht unverhohlen dem Iran mit Kernwaffeneinsatz, Polen fordert von den USA vehement Geld für Rüstung und Raketen gegen terroristische Angriffe – aus Rußland, wie wir alle wissen.

Wir sollten uns angesichts der Politikeräußerungen und der manipulierten und manipulierenden Medien sowie einer angeblich boomenden Wirtschaft nicht zu sicher fühlen. Wer glaubte schon 1938 an einen Krieg? Und plötzlich war er da.

Wird Europa dauerhaft Frieden haben?

Die Bedrohung durch Naturgewalten wird heute von der Bevölkerung wesentlich höher eingeschätzt als die durch Terror, ganz weit abgeschlagen hinten das Thema Krieg.

---

[2] Dr. Horst Schöttler, *Ist unser Bevölkerungsschutzsystem noch zukunftsfähig?*. Veröffentlichung der DKKV, Dezember 2000, http://www.dkkv.org/DE/publications/sonderberichte.asp?h=1&MOVE=4

Im Zeitalter des Individualismus hat eine weitgehende Auflösung der sozialen Bindung stattgefunden. Wechselseitige Gleichgültigkeit kennzeichnet das soziale Nebeneinander. Die Rückkehr zu natürlichen Solidaritäten (im Dorf, im Hochhaus, in der Straße, im Stadtviertel) würde die Selbstorganisation fördern.

Dieses *Handbuch für den Ernstfall* enthält sich nicht immer einer Polemik gegenüber der Politik, will insbesondere deren begrenzten Wirkungs- und offensichtlich auch Willensbereich aufzeigen. In dem Gefühl, wählen zu können, spülen wir nur die organisierte Unfähigkeit nach oben und wiegen uns in trügerischer Sicherheit.

Selbstorganisation ist angesagt!

Fragen wie: Wird Europa dauerhaft Frieden haben? gehören, knapp und prägnant diskutiert, zu diesem Buch. Nicht ohne Grund enthalten offizielle Richtlinien für den Katastrophenschutz auch den Verteidigungsfall.

Doch weitaus wahrscheinlicher sind andere Probleme! Sie rühren an unsere Ängste. Sie schaffen die Bereitschaft für das Nachdenken über den Ernstfall, öffnen im besten Fall die Neugier oder das Bedürfnis zur Diskussion und leiten zur persönlichen Initiative hin.

Zunehmend ist der Mensch in der modernen urbanen Welt isoliert, kennt häufig seinen Nachbarn nur vom Sehen. Der Gedanke der Selbstorganisation, dem zentralistischen Staat eher Bedrohung als Hilfe, wird in der immer deutlicher werdenden Schwäche der staatlichen Strukturen wieder mehr in den Vordergrund rücken. In vielen Bereichen entläßt sich der Staat bereits heimlich aus der Verantwortung, viele von uns bemerken es gerade an ihrer Geldbörse, spätestens beim behördlichen Schreiben für Großmutters Altersheim, nun endlich die Vermögensverhältnisse zu offenbaren.

Die Manipulation durch die Medien und die Entmündigung durch staatliche Organisationen hat Desinteresse, ja sogar ein Gefühl der

Hilflosigkeit erzeugt. Aktiv arbeiten politische Gruppierungen in diesem Land an der Auflösung des nationalen Gedankens und damit an der Auflösung des Zusammenhalts der Menschen untereinander. Das Bekenntnis zu Deutschland kann heute die Karriere kosten. Zum Glück ist das Bekenntnis zur Region noch unbelastet, hier zuckt der heimatlose Beamte doch zurück.

Der Überwachungsstaat droht.

Das Auseinandertreiben der Interessen von Politik und Wähler, die Kontrolle der Bankkonten und des Bargeldes angesichts der offenkundigen Schwäche des Finanzsystems, die Abhängigkeit von den Informationssystemen und deren Anfälligkeit und Manipulierbarkeit, der Kontroll- und Überwachungswahn eines manischen Innenministers und des europäischen Kontrollkommissars Frattini[3] sind klare Zeichen für eine Gesellschaft in der Krise.

Für die ältere Generation war und ist die Vorsorge für den Krisenfall noch eine Selbstverständlichkeit, doch schon die Generation der heute Fünfzigjährigen ist vielem gegenüber hilflos. Man eilt zum Arzt oder ruft die Polizei, doch was ist, wenn dies nicht geht? Beide sind heute schon unterbezahlt und lustlos und ersticken im Bürokratiedickicht der Behörden.

Die Nachrichten werden von der Angst vor terroristischen Anschlägen bestimmt. Ob diese Gefahr so tatsächlich existiert, ist hier nicht die Frage. Es gibt ernst zu nehmende Insider, die diese Gefahr abstreiten und die kriminellen Drahtzieher eher in der Politik sehen.[4]

Söldner der berüchtigten Firma Blackwater. Im April 2008 gab das US-Ministerium bekannt, daß der Vertrag mit dem Söldner-Unternehmen trotz einer nicht abreißen wollenden Kette von Skandalen um ein weiteres Jahr verlängert wurde.

Wenn es einen Terrorismus gibt, dann haben die westlichen Länder an dieser Problematik einen überaus starken Anteil. Nehmen wir nur die Söldner der US-Firma Blackwater, die straflos um sich schießen dürfen, und die Hunderttausende Zivilisten, die von amerikanischen und britischen Soldaten im Irak und in Afghanistan im Namen der Freiheit umgebracht worden sind. Heute wissen wir, daß der 11. September eine Inszenierung der Geheimdienste war, und amerikanische Regierungsvertreter mußten nach dem Einmarsch in den Irak eingestehen, daß die ›Beweise‹ gelogen waren. Für wessen Interessen wird die Welt an den Abgrund geführt? Und wie weit belügen uns unsere Regierungen?

---

[3] »Verrückt nach Sicherheit. Frattini plant die Überwachung sämtlicher Verkehrswege und die Datenspeicherung über 13 Jahre«, in: *Der Spiegel,* 11/2008

[4] Empfehlenswert die Seite des Journalisten Karl Weiss, der mit seriösen internationalen Quellen arbeitet. (http://karlweiss.twoday.net/), ebenso das Forum *Zeitfragen* aus der Schweiz (http://www.zeit-fragen.ch/)

Ist sie also wirklich gestiegen, die Gefahr, von der so viele reden? Al Qaida, die terroristische Superorganisation?

Möglicherweise! Aber was ist, wenn dieses Mal geschulte Spezialisten zuschlagen, und nicht verblendete Bastler, religiöse Irrläufer? Was ist, wenn zentrale lebenswichtige Strukturen wie Wasserwerke ausfallen, die Versorgung mit Gas für die Heizung oder die so gewohnte und bequeme Versorgung im Supermarkt? Unsere hochtechnisierten Abläufe sind äußerst anfällig, ein Angriff an wenigen zentralen Punkten kann das ganze Land lahmlegen.

Denken wir das Krisenszenario ruhig weiter!

Was tun bei heute vielleicht noch nicht vorstellbaren bürgerkriegsähnlichen und/oder auch militärischen Auseinandersetzungen? Wir wollen eigentlich nicht so weit denken, vorstellbar ist es leider doch. Es gibt auch seriöse Stimmen, die derartige Szenarien für möglich halten. Die polnische Politik ist wieder seit längerer Zeit in einem Feindbildszenario gegenüber Deutschland gefangen, das man längst vergangen glaubte. Zum Glück ist dies bei Begegnungen mit polnischen Bürgern nicht spürbar, im Gegenteil entschuldigt man sich für die da ›oben‹.

Ministerium empfiehlt Notfallvorsorge.

Vor diesem Gesamthintergrund hat die Bundesregierung die Wirtschaftssicherstellungsverordnung überarbeitet.[5] Das Ministerium für Ernährung und Landwirtschaft unter der damaligen Ministerin Renate Künast empfahl aus diesem Grund, einen Notfallvorrat von mindestens 14 Tagen anzulegen.[6] Kaum war die Meldung draußen, so wurde sie schon als Panikmache kritisiert und verschwand am nächsten Tag.

Lebensmittel werden bewacht – zum Beispiel auf den Philippinen.

Doch Notstandsgesetze und Notfallvorrat, nachdem man sich viele Jahre nicht darum gekümmert hat? Gab es einen Grund, oder war es nur vorausschauende Politik? »Auf private Vorratshaltung wird häufig verzichtet. Nicht auszuschließen sind jedoch Krisensituationen, die zu einer Verknappung von Lebensmitteln führen können. Das neue Internetportal gibt wertvolle Hinweise für solche Fälle«, begründete Staatssekretär Alexander Müller die Einrichtung der Internetseite www.ernaehrungsvorsorge.de. Konsumentengerecht verwies das Ministerium noch darauf, auf geschmackliche Vorlieben der Familie Rücksicht zu nehmen.

---

[5] Wirtschaftssicherstellungsverordnung 12. August 2004, http://217.160.60.235/BGBL/bgbl1f/bgbl104s2159.pdf
[6] Meldung der *Tagesschau* v. 2. September 2004 http://www.tageschau.de/aktuell/meldungen/0,1185,OID3576352_TYP6_THE_NAVSPM1_REF1_BAB,00.html

Doch gehen wir vom ›normalen‹ Katastrophenfall aus.

Hier will das vorgeschlagene Handbuch ansetzen, ein praktischer Ratgeber und Helfer für den Alltag und den Fall X sein. Dieser Fall reicht vom tagelangen Stromausfall bis hin zur schweren Naturkatastrophe mit wochenlangem Ausfall des gewohnten Sicherheitsnetzes; vom einfachen Hausunfall, den die Hausapotheke unserer Großmutter noch selbstverständlich behandeln konnte; bis hin zu elementaren Regeln für das Verhalten in der Natur. Wir werden uns dabei wesentlich auf die praktischen Ratschläge des Bundesamts für Bevölkerungsschutz und Katastrophenhilfe beziehen, denn es geht hier nicht um Selbsterfahrung und Survival in der Wildnis. Was wir, was jeder haben sollte, ist ein Handbuch für den Problemfall, übersichtlich, sachlich, ohne überflüssige Informationen. Ein praktischer Helfer, ein Handbuch für den kleinen, aber auch den eher unwahrscheinlichen, doch möglichen großen Ernstfall.

Und sind Sie, sind wir wirklich darauf vorbereitet?

Bis Hilfe eintrifft, vergeht häufig Zeit – wertvolle Zeit, in der es auf Minuten ankommen kann. Sie können für das Leben von Menschen oder den Erhalt von Sachwerten entscheidend sein. Es können Minuten sein, in denen jeder von uns auf sich selbst und seine Fähigkeiten angewiesen sein kann. Die Krise unserer Gesellschaft ist unübersehbar. Das vorliegende Handbuch soll Bewußtsein dafür wecken, daß unsere Ruhe trügerisch ist.

Kann ich mir, meiner Familie und anderen in Notsituationen helfen?

Es gibt einen alten Spruch, im Zeitalter der ›coolen Sprüche‹ fast vergessen: Vorbeugen ist besser als heilen!

Deutschland 2008 – ein sicheres Land? Bedrohungsszenarien

Europa hat seit über 60 Jahren Frieden. Es ist die längste Friedensperiode des Kontinents. Doch zu schnell gibt man sich mit dem oberflächlichen Bild zufrieden. Verdrängen wir nicht den völkerrechtswidrigen Krieg der NATO gegen Serbien? Die einseitige und völkerrechtswidrige Abtrennung des Kosovo, eines von vielen Experten so genannten ›Mafia-Staats‹, und seine hastige Anerkennung durch die USA und seinen Vasallen Deutschland haben einen neuen Schwelbrand in Europa gelegt.

Müssen sich an das Recht nur die anderen halten?

Es scheint, daß der Frieden zerbrechlicher wird.

Neue Konflikte sind in Sicht.

Als in Italien in den sechziger Jahren des vorigen Jahrhunderts eine Machtübernahme der Kommunisten drohte, bereiteten von der Central Intelligence Agency (CIA) unterstützte Kreise den Umsturz vor.

Es ist erst wenige Jahre her, daß sich zumindest die Besatzungstruppen der Sowjetunion aus Deutschland zurückgezogen haben, die USA stocken ihre Einheiten in Deutschland gerade auf, die Briten gruppieren um. Einen Friedensvertrag gibt es mit Deutschland immer noch nicht, alliierte Besatzungsgesetze stehen auch heute noch über deutschem Recht.

Ein Krieg ist in Europa fast undenkbar geworden, zum Glück! Auch wenn der brutale Krieg in Jugoslawien uns alle überrascht hat, die Völker sind sich heute in Europa näher als manche Regierungen. Doch zu schnell vergessen wir über den täglichen Problemen unsere Geschichte!

Deutsche Soldaten patrouillieren inzwischen vor der Küste des Libanon und vor dem Horn von Afrika, kontrollieren im ehemaligen Jugoslawien und Sudan, kämpfen in Afghanistan. Wohin wird die Politik das Land noch bringen? Wieviel Verantwortung hat unsere Regierung mit ihrem Parteienstaat à la DDR noch für das Volk?

So schwer ein Krieg auch vorstellbar ist, schnell können Szenarios greifen, die bereits in den Schubladen der Geopolitiker liegen. Der

Die Bundesrepublik hat große Verantwortung in Afghanistan übernommen. Die Auslandseinsätze der Bundeswehr sind nicht unumstritten.

Oben: Der Hauptsitz der USB in Zürich. *Unten:* Die Jagd nach Ressourcen schafft neue strategische Bündnisse und gefährliche Konfliktherde. Öl war beispielsweise das eigentliche Kriegsziel der beiden Golfkriege.

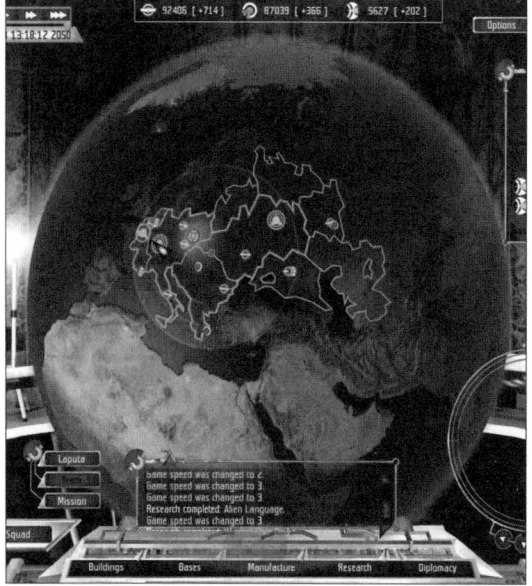

Iran-Krieg wird seit längerer Zeit propagandistisch vorbereitet. Nach bewährtem Konzept könnte ein Krieg auch die rasante Banken- und in deren Folge die Wirtschaftskrise aufhalten. Erinnert nicht auch dies wieder an die dreißiger Jahre? Aber ob dies heute noch funktioniert? Offensichtlich gibt es in den USA auch andere Kreise, die nicht an einen Krieg interessiert sind.[7]

Die Stellungnahme von sechzehn US-Geheimdienstorganisationen gegen den populistischen Vorwurf eines atombombenbauenden Iran, wesentlich getragen von der mehrfach der Lüge überführten US-Regierung und der Israel-Lobby, zeigt die Widersprüche innerhalb Amerikas. Unlängst ist der US-Oberbefehlshaber für den Nahen Osten, Admiral William Fallon, aus Protest gegen die Bush-Politik zurückgetreten.

Der Kampf um die Ressourcen, nicht um Landgewinn, ist voll entbrannt. Die USA treiben mit ihrer so genannten Raketenabwehr in Polen und Tschechien bewußt den Keil zwischen Rußland und Europa. Die selbstbewußte Moskauer Führung, auf einem riesigen Polster von Geld und Rohstoffen sitzend, hat aber die Lektionen aus dem Zusammenbruch der Sowjetunion und der Ausbeutung des Landes gelernt. Für Deutschland stellt sich mehr denn je die Frage, wo unsere wirklichen Verbündeten sitzen.

Solange Deutschland ohne nationales Bewußtsein auftritt, wird es von den einen ausgenutzt, von den anderen nicht als gleich-

---

[7] Am 3. Dezember 2007 veröffentlichten 16 amerikanische Geheimdienste eine Lageeinschätzung, der zufolge der Iran sein Atombombenbauprogramm bereits 2003 gestoppt habe. Umgehend widersprachen sowohl die Briten als auch die Israelis dieser Einschätzung. Nach ihrer Version gefährde der Iran nach wie vor den Weltfrieden.

wertiger Gesprächspartner wahrgenommen.[8] Klare Signale einer verantwortungsvollen Politik würden auch zu einer stärkeren Identifikation mit dem Land, seinen Menschen, seiner Geschichte und der Zukunft führen. Auswanderungszahlen wie die von 2006 mit 250 000 Menschen werden dann der Vergangenheit angehören.[9]

Das deutsche Engagement im fremden Interesse birgt unwidersprochen das erhöhte Risiko von terroristischen Anschlägen in Deutschland. »Die Freiheit Deutschlands wird auch am Hindukusch verteidigt«, ausgesprochen vom damaligen Verteidigungsminister der SPD, Peter Struck. Hat das nicht vor über hundert Jahren bereits ein deutscher Kaiser gesagt, bevor er seine Truppen Richtung China verabschiedete? Bislang kostete dies immer nur Menschenleben. Unsere Politiker sind leider nicht so klug, die Parallelen zu sehen.

Heute ist Afghanistan auch unter dem Schutz deutscher Soldaten bezeichnenderweise wieder zum größten Drogenproduzenten der Welt geworden.[10] Wem nützt es? Unter der früheren Regierung der Taliban ist der Mohnanbau drastisch zurückgegangen, wie es allgemein bestätigt wurde.

Unbestritten ist aber auch, daß der rücksichtslose Eingriff der westlichen Länder in die Angelegenheiten anderer Länder das Problem des Terrorismus erst geschaffen hat. Anfangs nur gegen Besatzer und ihre Marionettenregime gerichtet, massiv unterstützt durch westliche, hauptsächlich amerikanische Waffenlieferungen, kommt nun das Problem zu uns.

Kampf der Kulturen.

Ob man es mit ›Kampf der Kulturen‹ bezeichnet oder anders, ob da interessierte Politikkreise mitunter auch Ereignisse inszenieren – der Terrorismus ist auf dem Weg zu uns, offensichtlich ist er schon unter uns. Die Sinn- und Wertekrise unserer Länder ist der Nährboden, auf dem dieser Terrorismus wachsen wird. Wo, wann und mit welchen Folgen etwas passieren wird, ist Spekulation. Nicht das beste Schutzszenario wird es verhindern können.

---

[8] Deutschland zahlt den höchsten Beitrag innerhalb der EU, gegen Deutsch als dritte Amtssprache innerhalb der europäischen Behörden wehrt sich die Brüsseler Administration heftig.
[9] Die offizielle Statistik gibt 160 000 Auswanderer an. Die inoffizielle Zahl beträgt nach Schätzung von Experten etwa 250 000 Auswanderer. Dagegen halten die offiziellen Statistiker 180 000 Rückkehrer. Ein Schelm, wer diesen Angaben traut.
[10] Laut Bericht des UN-Büros für Drogenkontrolle und Verbrechensbekämpfung (26. Juni 2007) nahmen die Anbauflächen im Jahre 2006 in Afghanistan um 60 Prozent zu.

Einer der beiden libanesischen Kofferbomber am 31. Juli 2006 auf dem Kölner Hauptbahnhof. Der Anschlag scheiterte nur, weil der libanesische Militärgeheimdienst zufällig den Anruf eines Verdächtigen abhörte. Und nächstes Mal?

Daß ein großes terroristisches Attentat in Deutschland erfolgen wird, ist nur eine Frage der Zeit. Den Zeitpunkt bestimmen Terroristen und die Innenminister mit ihren geheimen Diensten.[11]

**Schäuble warnt vor Atom-Anschlag –
»Die Terroristen lernen schnell«**[12]

Knapp zwei Wochen nach der Verhaftung dreier islamistischer Terrorverdächtiger hat Bundesinnenminister Wolfgang Schäuble (CDU) vor einem terroristischen Anschlag mit Nuklearwaffen gewarnt.

---

[11] Der jüngste Fall einer terroristischen Gruppe in Deutschland ist bezeichnend: Hauptakteure waren deutsche Konvertiten; die Gruppe ließ man aber unter Beobachtung handeln, um dem Innenminister Vorlagen für polizeistaatliche Planungen zu liefern. Wer es vielleicht vergessen hat, die Gruppe stand bereits im Mai 2007 in der Zeitschrift *Focus*, also vier Monate, bevor sie angeblich entdeckt wurde. http://www.focus.de/politik/deutschland/focus_aid_56080.html

[12] http://www.faz.net/s/Rub594835B672714A1DB1A121534F010EE1/Doc~EFDF112A654BD40C29D8E8956A788810F~ATpl~Ecommon~Scontent.html

»›Viele Fachleute sind inzwischen überzeugt, daß es nur noch darum geht, wann solch ein Anschlag kommt, nicht mehr, ob‹, sagte Schäuble im Gespräch mit der *Frankfurter Allgemeinen Sonntagszeitung*. Doch die Deutschen sollten sich von solch düsteren Aussichten nicht ihr Leben vergällen lassen. ›Aber ich rufe dennoch zur Gelassenheit auf‹, sagte Schäuble. ›Es hat keinen Zweck, daß wir uns die verbleibende Zeit auch noch verderben, weil wir uns vorher schon in eine Weltuntergangsstimmung versetzen.‹

Die Frage eines terroristischen Anschlags in Deutschland ist nicht ob, sondern wann...

Daß Terroristen einen Anschlag mit nuklearem Material vorbereiteten, sei ›die größte Sorge aller Sicherheitskräfte‹, sagte der Innenminister. Nicht alle möglichen Bedrohungen durch Terroristen, etwa durch die Verwendung chemischer und biologischer Waffen, seien den Behörden bekannt: ›Einen vollständigen Überblick haben wir auch heute nicht.‹

Der *Bild am Sonntag* sagte Schäuble, allein in den nächsten drei Jahren sollten 123 Millionen Euro in die Sicherheitsforschung investiert werden. Dabei gehe es beispielsweise um den Einsatz von Robotern oder die Entwicklung von Strategien gegen Anschläge mit biologischen Kampfstoffen...

Entschieden wandte sich der Minister gegen Pläne aus der SPD, die Einführung der Online-Durchsuchung von Computern in das kommende Jahr zu verschieben...›... wir können mit diesem Gesetzentwurf nicht bis zum Frühjahr 2008 warten‹.«

FAZ am Sonntag v. 16. 9. 2007

Dieser Artikel ist hier in aller Ausführlichkeit abgedruckt, zeigt er doch klar die wahren Absichten der deutsch-amerikanischen Politik:

➢ Installierung des Islams und Rußlands als Feindbild,

➢ Verschärfung der Anti-Terrorismus-Kampagnen als Rechtfertigungsbasis für politische Entscheidungen, die ansonsten in der Bevölkerung keine Zustimmung finden würden,

➢ faktische Schaffung des Überwachungsstaates, bevor die wirtschaftlichen und politischen Problemlagen allgemein bewußt werden,

➢ offensive Unterstützung amerikanischer Kriegsvorbereitungen gegen den Iran und andere islamische Länder, also gegen die sogenannten ›Schurkenstaaten‹,

➢ Verdeckung der Abhängigkeit von der amerikanischen Politik.

Nachrichten über Unfälle und Katastrophen gehören zum täglichen Leben, werden uns ständig und auch aufdringlich durch die Medien präsentiert.

Abgesehen von der Über-Repräsentation in den Medien haben sie weltweit, aber auch in Deutschland spürbar zugenommen. Tatsächlich kann jederzeit etwas passieren – Naturkatastrophen wie das Elbe-Oder-Hochwasser 2002 oder der Tornado von Micheln in Sachsen-Anhalt im Jahre 2004; ausgedehnte jährliche Waldbrände in den Mittelmeerländern; eine beängstigend lange Liste von Atom- und Chemieunfällen; Energieausfälle wie der Zusammenbruch der Energieversorgung durch Schlamperei und Profitmaximierung im Münsterland 2006; oder ein terroristischer Anschlag auf zentrale Versorgungseinrichtungen, wie 2007 in London knapp verhindert.

Klimawandel führt zu extremen Unwettern.

Dabei sind hier nur relativ kleine, lokale Ereignisse aufgeführt worden. In den USA und in Asien ist eine drastische Zunahme an schweren Stürmen zu beobachten, extreme Trockenheiten, an anderer Stelle nie dagewesene Regenfluten.

Was ist mit verheerenden Vulkanausbrüchen, wie sie immer wieder in der Erdgeschichte vorgekommen sind? Jahrelange, mitunter jahrzehntelange dramatischste Klimaveränderungen folgten auf den Ausstoß der Millionen und Milliarden Tonnen Staub und Asche.

Der Tornado von Micheln im Jahre 2004 war ein sogenannter F3-Tornado (Geschwindigkeit bis 350 km/h) und damit einer der stärksten, jemals in Deutschland beobachteten.

Längst ist ein Ausbruch des Vulkans unter dem Yellowstone Naturpark, mit über 80 Kilometer Durchmesser der größte bekannte Vulkan, überfällig. Alle 600 000 Jahre hat man bisher einen Ausbruch nachweisen können, der letzte mörderische Ausbruch war vor etwa 640 000 Jahren.[13]

Was ist mit einem Kometeneinschlag? Die Wahrscheinlichkeit steigt, daß die Erde wieder einmal von einem großen Kometen getroffen wird. Vor rund 9000 Jahren raste ein Komet auf die Erde zu, teilte sich in sieben glühende Feuerbälle und vernichtete ganze Kulturen. Der Einschlag und seine Folgen schufen wahrscheinlich die Vorlage für die biblische Schöpfungsgeschichte, denn nur langsam entwickelte sich danach neues Leben. Die Mammute starben aus, und nur wenige Menschen überlebten in Höhlen mit sauberem Wasser und wie durch Wunder vorhandener Nahrung.[14] Doch es muß nicht eine gigantische Vernichtung durch einen Riesenkometen sein. Es reicht auch ein Einschlag in die Nordsee von der Größe des Tunguska-Meteoriten, der 1906 in der sibirischen Taiga niedergegangenen ist. Die Tsunami-Welle würde wahrscheinlich bis Prag laufen.

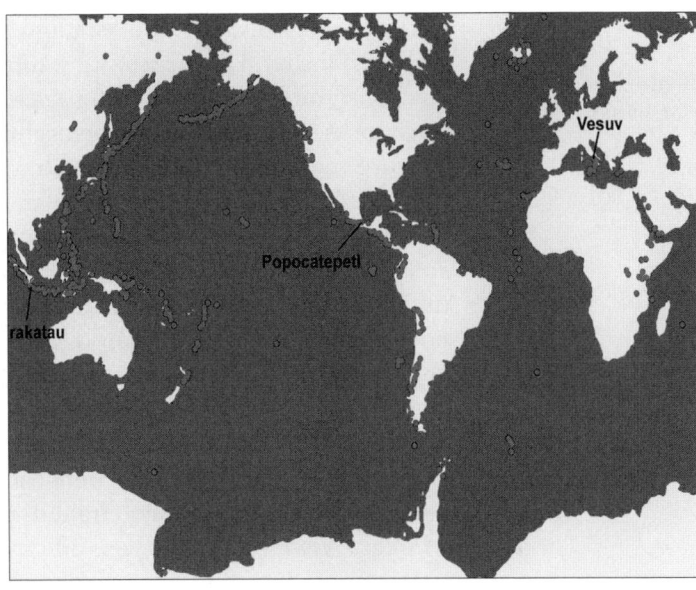

Weltkarte mit Vulkanen.

Die Feststellung, ich wohne in einer Kleinstadt oder einem Dorf, da passiert nichts, gilt in unserer Zeit nicht mehr – wobei dort tatsächlich am wenigsten passiert und passieren wird.

Wir leben in einem eng vernetzten globalen Dorf. Der flapsige Spruch »Wen kümmert es, wenn in China ein Sack Reis umfällt?« stimmt nicht mehr.

---

[13] Vulkanologen haben gerade veröffentlicht, daß sich der Deckel über dem Vulkan um 19 cm gehoben hat. Dies liegt weit über dem bisherigen Jahresdurchschnitt. http://science.orf.at/science/news/149976

[14] Literaturempfehlung Heinrich P. Koch, *Der Sintflut-Impact*, Peter Lang Verlag, Frankfurt/M. Koch schreibt naturwissenschaftlich und quellenkritisch genau über den Einschlag eines großen Kometen auf der Erde und seine Auswirkungen. Die Literaturliste gibt einen hervorragenden Überblick über den Stand der Forschung.

Totale Sicherheit ist eine Illusion.

Unsere Gesellschaft ist trotz immer perfekter Abläufe auch immer mehr gefährdet. Die Vorstellung totaler Sicherheit ist eine Illusion. Ein nicht nur vorübergehender Ausfall von kritischen Infrastrukturen könnte Teile der Energieversorgung, der Kommunikation und der Versorgung der Bevölkerung weiträumig lahmlegen.[15]

Auf solche Situationen sollte man sich vorbereiten. Ist ein Notfall erst eingetreten, ist es für umfangreiche Vorsorgemaßnahmen zu spät.[16] Angesichts zunehmender Finanznot zieht sich der Staat nach und nach aus der Verantwortung für den Bürger zurück. Er will nur noch dessen Geld, nicht mehr dessen Wohl.

Der größte Teil der Konzerne versagt auf ganzer Linie. Dem Wohl weniger anonymer Aktionäre verpflichtet, streben sie mit geringstem Aufwand nach maximalem Profit. Langfristigkeit gehört bei ihnen nicht mehr zur Firmenphilosophie. Bereichern sie sich aus diesem Grund so hemmungslos? Ahnungsvoll fragt die *Frankfurter Allgemeine Sonntagszeitung*: »Wissen sie etwas, was alle anderen nicht einmal ahnen?«[17]

Eigeninitiative ist mehr denn je gefordert.

Darum ist Eigeninitiative gefordert, für sich, für seine Familie, für die Nachbarn, auch für die Gemeinschaft – ob im städtischen Kiez oder im Dorf.

Dabei gilt eines besonders: Richtig helfen kann nur, wer sich schon zuvor damit auseinandergesetzt hat.

Unsere Versorgungssysteme sind äußerst störanfällig! Wir sind angreifbarer denn je, denn wir sind nicht vorbereitet.

Alle wichtigen Verbrauchsgüter werden heute über ein komplexes Verteilungssystem zum Verbraucher befördert. ›Just in time‹, auf deutsch ›zum richtigen Zeitpunkt‹ ist ein Schlagwort modernen Managements. Die Folge: Ein plötzlicher Wintereinbruch mit vereisten Straßen kann schon ganze Regionen von der Versorgung abschneiden.

---

[15] Unter der Überschrift »Abwehr der Cyber-Krieger« berichtete die *Frankfurter Allgemeine Zeitung* vom 14. September 2007 über die Anstrengungen der Bundesregierung, die kritischen Infrastrukturen besser zu schützen. Dabei konnte der interessierte Leser erfahren, daß in London im März 2007 ein Anschlag auf einen zentralen Server verhindert wurde. Die Autobombe ist wirkungsvoll, doch ein Anschlag auf Zentralrechner kann ganze Länder lahmlegen.

[16] Nach dem Brand im Atomkraftwerk Krümmel am 29. Juni 2007 brannte es als Folge auch im AKW Brunsbüttel. Die zuständige Ministerin des Landes Schleswig-Holstein kritisierte die Stromkonzerne wegen der vollkommen unzureichenden Absicherung der Stromnetze in Deutschland und eines drohenden Kollaps der Stromversorgung im Krisenfall. Profitstreben vor Gemeinnutz!

[17] »Was ist mit wir?« in: *Frankfurter Allgemeine Zeitung*, 25. Februar 2008.

Unsere ›Vollkasko-Mentalität‹ läßt uns blindlings auf ein störungsfreies staatliches Netz vertrauen. Der Angriff auf einen Zentralcomputer in Estland 2007 läßt das Chaos erahnen, das ein ähnlicher Angriff in einem hochindustrialisierten Land wie Deutschland auslösen würde.

Doch was ist im Falle eines Angriffs auf Zentralcomputer, wie im Frühjahr 2007 in Estland geschehen? Über Tage waren dort die Computernetze und Server nach Cyber-Attacken ausgefallen. Angeblich kam der Angriff aus Rußland als Revanche für die Verlegung eines sowjetischen Kriegerdenkmals. Man kann sich bösartigere Angriffe mit sensibleren Zielen vorstellen.[18]

Ein derartiges Szenario ist nicht nur in den hochentwickelten westlichen Industrieländern denkbar und würde zu komplexen Ausfällen führen. Deutschland ist dabei besonders gefährdet. Wichtige europäische Verkehrssysteme und Datenleitungen führen durch das Land. Wir sind vom störungsfreien Funktionieren von Produktion und Verteilung äußerst abhängig.[19] Längst haben wir alte Grundregeln staatlicher Ordnung für ein wirtschaftliches Überleben der Nation an anonyme Entscheider in Brüssel oder anderswo delegiert. Tausende

Ressourcenverschlingende alternative Energiekonzepte statt Förderung der Landwirtschaft.

---

[18] NATO-Offiziere sprachen in diesem Zusammenhang vom ersten Cyberkrieg unserer Zeit, in: *Frankfurter Allgemeine Zeitung,* 14. September 2007.
[19] Von der Öffentlichkeit unbemerkt, wurde als Gegenmaßnahme das Krisenzentrum BSI (Bundesamt für Sicherheit in Informationstechnik) ausgebaut. Das Programm ›Kritis‹ beschäftigt sich auch mit Reaktionsmodellen im Falle eines erfolgreichen Angriffs. Entgegen der Selbsteinschätzung der Vertreter des Bundesamtes kritisieren Experten die Passivität in bezug auf Datensicherheit und Spionageabwehr gegenüber fremden Diensten.

Warum ein Handbuch für den Ernstfall?

Bauernhöfe werden jedes Jahr aufgegeben. Ob die deutsche Landwirtschaft noch in der Lage ist, die Bevölkerung zu ernähren, muß bezweifelt werden. Gerade ist eine riesige Preisspirale in Gang gesetzt worden, deren Begründung im Dschungel der tatsächlichen und fiktiven Gründe untergeht. Hauptsache, es wird kassiert. Beim Erzeuger wird, wenn überhaupt, nur der geringste Teil ankommen.

Der drohende Kollaps der Sozialsysteme ganzer Regionen in Deutschland, im Frühjahr 2007 von Statistikern veröffentlicht und ebenso schnell von Medien und Politik unter den Tisch gekehrt, dürfte die Probleme in der Zukunft weiter verstärken. Zu den bedrohten Regionen gehörten nach Ansicht vieler Wissenschaftler nicht nur große Teile der neuen Bundesländer, sondern auch Teile Niedersachsens, Schleswig-Holsteins und – kaum vorstellbar – Teile des Ruhrgebiets.[20] Die Studie ist umstritten, Tatsache ist der Exodus aus den Regionen, insbesondere einigen neuen Bundesländern droht der Kollaps. Für heftige Meinungsverschiedenheiten sorgte eine neue Studie im Auftrag der brandenburgischen Landesregierung. In der Studie wurde die Aufgabe kleinerer Regionen im Land und die Zusammenlegung von Dörfern empfohlen, um noch einigermaßen funktionierende Strukturen zu erhalten.[21]

Regionen veröden.

Während die Politik den offensichtlich dramatischen Zustand noch abstreitet, kann sich der Besucher ein eigenes Bild verschaffen. Die von der Politik geförderte Abhängigkeit Deutschlands von wenigen großen Energieversorgern (mit unserem Geld) dürfte diese Gebiete noch zusätzlich Gefahren aussetzen. Die gesetzliche Pflicht zur Grundversorgung ist schon heute wegen der Profitinteressen der Aktionäre gefährdet.

Was wird man tun, wenn nur noch wenige zahlende Verbraucher die dann extrem teuer gewordene Grundversorgung nicht mehr amortisieren, es auch nicht mehr können? Werden dann Mecklenburg-Vorpommern und Brandenburg abgeschaltet?

Die Bundesrepublik Deutschland und die Bundesländer unterhalten ein gut organisiertes und ausgebildetes Korps für den Zivilschutz und den Katastrophenfall. Doch bei einer großflächigen Problemlage ist dieses System hoffnungslos überfordert. Viele der Helfer arbeiten

---

[20] S. Kröhnert, F. Medicus u. R. Klingholz, *Die demografische Lage der Nation – Wie zukunftsfähig sind Deutschlands Regionen?*, dtv, München 2006, herausgegeben vom Berliner Institut für Bevölkerung und Entwicklung.
[21] »Gutachten zum demographischen Wandel im Land Brandenburg«, Berlin-Institut für Bevölkerung und Entwicklung, Oktober 2007.

ehrenamtlich mit großem Engagement. Doch werden sie ihre Familien allein lassen, wenn es ernst wird?

Wird dann nicht jeder sich selbst der Nächste sein?! Erinnern wir uns an den Hurrikan ›Katrina‹. Viele städtische Angestellte, die Polizei von St. Louis, selbst die Nationalgarde brachten zuerst ihre Familien in Sicherheit und gingen dann zum Dienst – wenn überhaupt noch. Immer wieder wird von seiten der offiziellen Stellen beteuert, daß man für jeden denkbaren Fall gerüstet sei. Dem ist definitiv nicht so!

In der Zeit des Kalten Krieges existierten noch große Lebensmittellager, wurden Medikamente, Kohle und anderes bevorratet. Unmittelbar nach der Wende wurden diese Lager aufgelöst. Auf Anweisung der Bundesregierung unter Bundeskanzler Schröder wurden für den Zivil- und Katastrophenschutz dringend benötigte Feldlazarette und zu jenem Zeitpunkt noch vorhandene Kapazitäten entgegen den Stellungnahmen von Fachleuten abgebaut.

Die jetzige Situation stellt sich so dar, daß für größere Problemlagen weder die Versorgung der Bevölkerung noch die medizinische Betreuung gewährleistet werden können.

Vor kurzem erging die Aufforderung des Gesundheitsministeriums an alle niedergelassenen Ärzte, sich vor Ort um Katastrophenschutzvorsorge zu kümmern. Die Ärzte haben das zu Recht zurück-

Der Hurrikan ›Katrina‹ rief 2005 größere Zerstörungen in der Bucht von St. Louis hervor. In den ersten Stunden der Katastrophen waren die Menschen weitgehend auf sich sich selbst angewiesen.

Wie gut sind wir auf einen Ernstfall wirklich vorbereitet?

Staatliche Vorsorge?

gewiesen und auf die hoheitliche Verantwortung des Staates und der Länder hingewiesen.

Doch wie sorgt der Staat vor?

Es gibt die ›zivile Notfallreserve‹ und die ›Bundesreserve Getreide‹ für schwere Krisensituationen. Das Ernährungsvorsorgegesetz (EVG) ist für friedenszeitliche Versorgungskrisen gedacht. Anlaß für dieses Gesetz war das Reaktorunglück von Tschernobyl im Jahre 1986. Es sieht die Möglichkeit staatlicher Lenkungsmaßnahmen vor, um eine ausreichende Versorgung mit Erzeugnissen der Land- und Ernährungswirtschaft zu gewährleisten. Ausreichende Versorgung für wen?

Dann ist da noch das vorrangig für Krisenkräfte der Bundeswehr und für die notdürftige Versorgung der städtischen Bevölkerung gedachte Ernährungssicherstellungsgesetz (ESG). Für Brot scheint zumindest eine Zeit lang gesorgt, doch wo bleiben Fleisch, Gemüsekonserven und so weiter? Erinnern wir uns an die Erzählungen unserer Großeltern und Eltern über das Organisieren von Lebensmitteln im Jahre 1945 und danach.

Für längerfristige Problemlagen ist Eigeninitiative gefragt!

Angesichts des Millionenheeres von Arbeitslosen, Hartz IV-Empfängern, Mittellosen und angesichts des deutlichen Abrutschens des Mittelstands bedarf es keiner großen Phantasie, um den Kollaps vorauszusagen. Drei Viertel der Deutschen fühlen sich neuesten Umfragen zufolge durch die Enwicklung bedroht. Hunger hat eine brutale Dynamik. Der EU-Vergleichsstudie *Leben in Europa* aus dem Jahre 2004 zufolge ist jeder achte Deutsche als ›arm‹ zu bezeichnen.[22] Mittlerweile

Plakat des VdK zur Kinder- und Altersarmut. In Deutschland leben 2,5 Millionen Kinder in Armut, und 18,3% der Bevölkerung gelten als armutsgefährdert, darunter 3 Millionen Rentner. Man spricht bereits vom langsamen Tod der Mittelschicht. Der Hartz IV-Regelsatz für Kinder, nach dem 2,57 Euro/Tag für die Ernährung vorgesehen sind, wird als »beschämend für ein reiches Land wie Deutschland« bezeichnet.

[22] http://www.forschungsdatenzentrum.de/bestand/eu-silc/fdz_eu_silc-bericht.pdf

spricht man davon, daß jeder fünfte Bundesbürger von Armut betroffen ist.

Was wäre, wenn diese Studie 2008 wiederholt würde?

Von seiten der Politik wird in sträflicher Weise gegen die Interessen des Volkes verstoßen. Man stelle sich nur vor, daß die durch sensationsgierige Medien und unverantwortliche Politiker, in großem Einverständnis mit der Pharmaindustrie zur Pandemie stilisierte Vogelgrippe wirklich das gewesen wäre, was man ihr unterstellte. Wer sich für rund 90 Euro das Wundermittel Tamiflu leisten konnte, fühlte sich relativ sicher, dem Rest wäre es wie den sterbenden Schwänen vor Rügens Küste gegangen. Übrigens kursierten die Tabletten gerade in den sogenannten aufgeklärten linken Kreisen. Kein Wunder, sie haben sich ja auf dem Marsch durch die Institutionen auch entsprechende Gehälter und Privilegien zugeschanzt.

Die wirkliche virulogische Einschätzung des Gefahrenpotentials vom Erreger der Vogelgrippe wurde sehr viel später veröffentlicht und blieb in der Öffentlichkeit nahezu unbemerkt. Das relativ harmlose Ergebnis paßte den Panikmachern nicht, und so wurde es in den Medien auch kaum erwähnt.[23] Übrigens zeigte sich, daß das ›ultimative‹ Rettungsmedikament Tamiflu nicht geeignet ist. Der Virus tritt in verschiedenen Mutationen auf, und Tamiflu wirkt nur in einer sehr schmalen Bandbreite. Das ließ man aber nur zu gern unter den Tisch fallen![24]

Zu diesem Kapitel gehören auch die Seuchen-Gefahren für die Landwirtschaft und Viehzucht, die überaus schnell um sich greifen können. Gerade wieder ist in Großbritannien die Maul-und-Klauen-Seuche ausgebrochen. Nach der gerade überwundenen verheerenden Seuche und der lange Zeit andauernden BSE-Seuche (allgemein als ›Rinderwahnsinn‹ bezeichnet, von den Bauern aus den zwanzigen Jahren des vorigen Jahrhunderts auch als ›torkelnde Kuh‹ bekannt) droht wieder ein gigantischer Verlust für die britischen Bauern und ihre Nahrungsmittelproduktion.

In wessen Interesse werden eigentlich Hunderttausende Tiere gekeult?

---

[23] http://www.schutzkreis.de/?page_id=4748,http://209.85.129.104search?q=cache:y3xS1HyTi4kJ:www.buergerwelle-schweiz.org/fileadmin/user_upload/buergerwelleschweiz/Vogelgrippe/Vgr_11.06_AussagenStand12.11.06.-pdf+oxford+%2Blabor+%2Bvogelgrippe+%2B2007&hl=de&ct=clnk&cd=14&gl=de

[24] Die neu entdeckten Mutationen stehen im Verdacht, erst durch den Einsatz von Tamiflu entstanden zu sein.

Eine neue Tierseuche grassiert in Großbritannien: die Maul-und-Klauen-Seuche.

Es ist nur eine Frage der Zeit, bis irgendwo in der Welt die ersten Großmastanlagen mit 150000 Tieren und mehr betroffen werden.[25] Da braucht es keine hellseherischen Qualitäten oder ›böse Terroristen‹ von Al Quaida.

◆ **Prüfen Sie Ihre Vorbereitungen!**

---

[25] Zur Zeit befinden sich auch in Deutschland mehrere dieser Anlagen im Bau oder haben den Betrieb bereits aufgenommen. In den USA gibt es sie seit längerer Zeit.

2.
Allgemeine Empfehlungen

Was kann man tun?

Es ist schwierig, allgemeine Empfehlungen zu geben. An erster Stelle steht sicherlich das solidarische Handeln in der Nachbarschaft. Vergessen Sie, daß der Nachbar vielleicht ein größeres Auto hat als Sie, oder die anderen, heute schon fast üblichen nachbarschaftlichen Neidereien und Streitereien. Und hoffentlich ist der Nachbar auch schon so weit wie Sie!

Jetzt geht es um etwas Höheres – jetzt kann es um das Leben von Ihnen, Ihren Kindern und denen der Nachbarfamilien gehen.

- ◆ Bilden Sie Solidargemeinschaften, und helfen Sie einander!
- ◆ Wählen Sie aus Ihrem Kreis einen Verantwortlichen, teilen Sie Aufgabenbereiche zu!
- ◆ Schaffen Sie einfache Nachrichtenketten und Notfallpläne!
- ◆ Erstellen Sie Vorratslisten!
- ◆ Ziehen Sie unter Umständen gemeinsam in das sicherste Haus!

Eitelkeiten helfen in Ausnahmesituationen niemandem, sie schaden der Gemeinschaft, schwächen sie und gefährden im Extremfall Leben.

Wir können in Krisensituationen ungeahnte Kräfte mobilisieren! Besinnen Sie sich auf diese Kräfte – gemeinsam.

Der Bürger und der Staat

Grundsätzlich ist der Staat verpflichtet, seine Bürger in Krisenzeiten zu schützen und zu versorgen. Diese hoheitliche Aufgabe ist ihm vom Bürger übertragen worden, das heißt, der Staat und seine Organisationen haben vom Bürger den Auftrag bekommen.

Das Volk ist der Souverän. Politik, Beamte und andere Staatsbedienstete dienen dem Volk, auch wenn sich heute angesichts des ständigen Kniefalls vor fremden Interessen die Frage nach der tatsächlichen Souveränität Deutschlands und der Verpflichtung seiner Politiker stellt. Angesichts der jüngsten Korruptionsfälle in Wirtschaft, Politik und Justiz und ihrer Häufung (Stand 2008), angesichts der Sammelwut der Behörden nach Bürger-Daten, angesichts einer offensichtlich vom Volk losgelösten, bislang noch nicht dagewesenen politischen Machtdemonstration anläßlich des G-8-Gipfels in Heiligendamm einschließlich des rechtswidrigen Einsatzes der Bundeswehr – macht sich beim Bürger ein Gefühl der Ohnmacht zunehmend breit.

Daß Politiker lügen, gehört auch in einer Demokratie zur Grund-

G-8-Gipfel 2007 in Heiligendamm: Selbstzufriedenheit lebens- und volksferner Politiker. Der Nationalstaat war lange Zeit das bevorzugte Werkzeug kollektiver Unternehmungen. »Die Entwicklung läuft inzwischen in Richtung einer Gesellschaft allgemeiner Überwachung.« (Alain de Benoist).

Gesellschaft mit beschränkender Haftung?

erfahrung eines jeden Bürgers. Früher trat man zurück, wenn man dabei erwischt wurde. Aber es gab trotz allem Politiker mit Lebenserfahrung. Heute bestimmen lebensferne Karrieristen die Politik, Probleme werden ausgesessen, im Extremfall geht man in eine der parteinahen Agenturen oder gar nach Brüssel. Zurücktreten müssen nur noch diejenigen, die man wegen unbequemer Wahrheiten in die rechte Ecke stellt, die linke Ecke bekommt einen wohldotierten Maulkorbvertrag.

Ein Parlamentsbetrug der Regierung anläßlich des G-8-Treffens, angemahnt von der Linksfraktion, wird mit Sicherheit folgenlos bleiben. Ist es nicht merkwürdig, daß demokratisch gewählte Volksvertreter links und rechts von den Regierungsparteien vom Verfassungsschutz beobachtet werden? Eine Verfassung übrigens, die ebenso wie das Grundgesetz seit der Wiedervereinigung 1990 nicht mehr gilt und neu formuliert in einer großen Volksabstimmung bestätigt werden müßte.

Warum fürchten sich eigentlich ›unsere‹ Politiker derart vor Volksabstimmungen? Es würde nicht wundern, wenn sich diese Regierung in eine Gesellschaft beschränkter Haftung umwandelt, um endgültig klarzumachen, daß sie für das Wahlvolk keine Verantwortung mehr übernehmen will.

Während sich Politologen und Soziologen noch Gedanken über das Thema der Staatsverdrossenheit machen, zieht sich diese bereits verstärkt durch alle Gesellschaftsschichten und – dies ist keine Behauptung – paart sich mittlerweile mit einer gehörigen Portion Wut. Noch führt die Not in vielen Familien nicht als Protest auf die Straße oder zur Selbstbedienung in den nächsten Supermarkt, sondern auf den Weg ins Sozialamt. Die vom Steuerzahler alimentierte Bevölkerungsgruppe ist gewaltig, wird täglich größer und verhilft offensichtlich den staatstragenden Parteien immer noch zum Wahlsieg. Wenig zu haben ist besser als nichts. Doch angesichts der Finanzkrise des Staates sind die Aussichten, davon zu kommen, ausgesprochen trübe. Der Motor stottert, der sogenannte Wirtschaftsaufschwung ist eine glatte Fälschung, wenn man vom Energiesektor, dem Maschinenbau und einigen spezialisierten Betrieben absieht. Unsere Autoindustrie verdient immer noch gewaltig viel Geld, allerdings weniger mit dem Autoverkauf als mit Kapitalgeschäften.

Aber was ist, wenn der Protest irgendwann einmal die Straße erreicht? Üben nicht schon Einheiten des Bundesgrenzschutzes, der Polizei und der Bundeswehr den Einsatz im Inneren? Erinnern wir uns an die auch heute noch gültigen Notstandsgesetze, die dem Staat jede Möglichkeit geben, seinen Souverän, das Volk, zu entrechten! Arbeitet man in Brüssel nicht massiv an einem Ermächtigungsgesetz? Der ständige Vorstoß von Politikern, insbesondere von Bundesinnenminister Schäuble, die Einsatzmöglichkeiten der Bundeswehr im Inneren zu erweitern, weist sehr wohl in diese Richtung. Ob dann allerdings diese Männer, Ehegatten, Väter und Söhne der Protestierenden, die Befehle befolgen werden, ist eine andere Frage.

Ich glaube es nicht![26]

Bürgerinnen und Bürger in Krisenzeiten zu schützen und zu versorgen ist eine hoheitliche Aufgabe. Sie läßt sich verfassungsrechtlich aus der allgemeinen Verteidigungsaufgabe des Staates und der staatlichen Pflicht zur Daseinsvorsorge für die Bevölkerung ableiten.

Doch was ist, wenn der Stadt pleite ist? Schon heute ziehen Finanzämter durch das Land und betreiben unter der Androhung von Betriebsprüfungen Inkasso für willkürliche Steuerschätzungen.[27]

---

[26] Interessant ist die Haltung der Regierung zum Abschuß von Zivilflugzeugen. Auf die Frage, ob die Bundeswehrpiloten den Befehl verweigern können, antwortete Bundesverteidigungsminister Jung mit »Nein!« Da hatten es die Soldaten der Wehrmacht bei unehrenhaften Befehlen leichter. Den Befehlsnotstand in einer Diktatur wirft man ihnen bis heute vor. Was für den einen gilt, muß für den anderen noch lange nicht gelten!

[27] Juni 2007, Bericht aus einer deutschen Kleinstadt, sämtliche Eisverkäufer der Stadt mußten pauschal mehrere tausend Euro für angebliche oder mögliche Steuerhinterziehungen zahlen. Bei Weigerung wurde mit Betriebsprüfung gedroht.

Das Finanzamt und auch andere Behörden haben Zugriff auf sämtliche Konten des Bürgers, seit 1. Juli 2007 gilt die lebenslange Steuernummer, und dies noch 20 Jahre über den Tod hinaus. Das Sozialamt hat noch mehr Rechte als das Finanzamt – warten Sie ab, bis die geliebten Eltern ins Pflegeheim kommen. Aus reich mach arm!

Biometrische Pässe, Online-Durchsuchungen von Computern mit und ohne Erlaubnis – längst ist der Bürger zum gläsernen Objekt staatlicher Machtinteressen geworden. Gleichzeitig schreddert der Verfassungsschutz des Freistaates Sachsen die Akten über Korruption von Politik und Justiz, schreddert zeitgleich die Bundeswehr sensible Akten im Fall Kurnaz. Im Zuge der Ermittlungen zur Leuna-Affäre übersandte die französische Staatsanwaltschaft zweimal Akten nach Deutschland. Beide Male kamen diese Akten nicht an. Konsequenzen aus diesen Vorgängen wurden nicht bekannt. Schredderland Bundesrepublik!

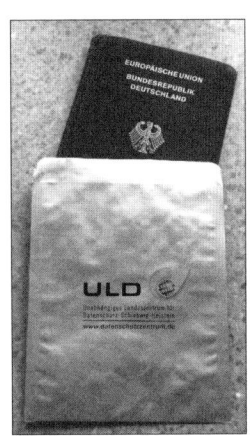

ePaß – der neue biometrische Reisepaß.

Finanzstaatssekretär Koch-Weser verschenkte 5 Milliarden DM Steuergelder an die deutsche Bank. Es kam heraus, als er in den Vorstand der Bank wechseln sollte. Konsequenzen für diese Veruntreuung von Volksvermögen folgten nicht, ein kritischer Abgeordneter verstummte plötzlich, der Staatssekretär wechselte nach nur sechs Jahren im Amt den Arbeitgeber und ist seit 2005 dem Chef der Deutschen Bank persönlich unterstellt.

Diese Fälle sollen nur zeigen, daß sich Staat, Verwaltung und Justiz schon längst vom demokratischen Rechtsstaat entfernt haben. Zunehmend warnen prominente Juristen und Verwaltungsrechtler vor einer Verwaltungsdiktatur oder einem Richterstaat. Altbundespräsident Roman Herzog hat in einer aufsehenerregenden Rede vor den Gefahren für die Demokratie gewarnt:[28]

»Es stellt sich die Frage, ob man die Bundesrepublik Deutschland überhaupt noch unbeschränkt als parlamentarische Demokratie bezeichnen kann.«

Leben wir noch in einer parlamentarischen Demokratie?

Im Berliner Parlament wird dagegen offen darüber nachgedacht, unbequeme Verfassungsrichter auszutauschen. Die jüngsten Urteile von Deutschlands höchsten Richtern gegen den Überwachungsstaat, eine schallende Ohrfeige für die Politik, werden nur noch *pro forma* befolgt. Schon bastelt man an gesetzlichen Vorlagen, diese Urteile aufzuheben.

---

[28] *Welt* vom 21. Januar 2007, siehe http://www.fk-un.de/UN-Nachrichten/UN-Ausgaben/2007/UN3-07/2007-03-1.htm

Der Leiter des Instituts für Zeitgeschichte, jeglicher Propaganda unverdächtig, greift in einem unerwartet heftigen politischen Kommentar die etablierten Parteien an und wirft ihnen Unfähigkeit bei der Lösung gesellschaftlicher Probleme vor. Sollte dies nicht bald geschehen, so drohe ein zweites Mal der »Weg in die Katastrophe«.[29]

Doch wie kann sich der Bürger vor der wie auch immer gearteten Problemlage schützen?

Man ist geneigt, dem Skeptiker recht zu geben. So schlimm wird es schon nicht kommen, und dann trifft es hoffentlich die anderen. Das ist aber zu bequem und wird nicht funktionieren.

Bürgerkriegsähnliche Unruhen in Deutschland? Unwahrscheinlich! Überschwemmung? Ich wohne erhöht, da kommt kein Fluß hin.

Sturm? Das könnte ein Problem sein. Zum Glück habe ich keine hohen Bäume am Haus.

Stromausfall? Ja, das ist vorstellbar. Aber das werden die schon wieder hinkriegen!

Der Mensch neigt dazu, Gefahren zu verdrängen. Mich wird es schon nicht treffen! Ein antrainierter Reflex, um in der Wildnis zu überleben.

Doch wir sind im Jahre 2008. Immer noch brennen in Frankreich Autos, mittlerweile auch in Berlin und in anderen Großstädten Deutschlands. Die Kriminalität ist laut Statistik zwar rückläufig, doch die Gewalt hat drastisch zugenommen.[30] Die gut begründeten Prognosen über den Zusammenbruch der Staatsfinanzen haben bislang nicht gestimmt. Wir sollten froh darüber sein und trotzdem wachsam bleiben. Jetzt erst recht, denn irgend etwas geht vor!

Im September 2007 hat Saudi-Arabien den Handel mit US-Dollar gestoppt.[31] Angeblich hat das saudische Herrscherhaus vorher bereits seine Dollar verkauft. Andere tun es bereits, nur reden sie nicht darüber. Mittlerweile verliert der Dollar täglich an Wert. Wohin wird das gehen?

Niemand hat bisher die Stützungsmaßnahmen der verschiedenen Banken im Zusammenhang mit der amerikanischen Immobilienkrise

---

[29] Horst Möller, »Gefährdungen der Demokratie«, in: *Vierteljahreshefte für Zeitgeschichte*, 3/07.

[30] Lt. Pressemitteilung v. 26. November 2007 stieg in Nordrheinwestfalen der Anteil der Gewaltkriminalität von 6 auf 12 Prozent. Die Straftaten wurden insbesondere von Jugendlichen ausgeführt.

[31] http://www.telegraph.co.uk/core/Content/displayPrintable.jhtml?xml=/money/2007/09/19/bcnsaudi119.xml&site=1&page=0

Börsenanalysten meinen, daß Ben Bernanke, der Notenbankchef der USA, den Dollar in eine gefährliche Lage gebracht hat.

Fears of dollar collapse as Saudis take fright
By Ambrose Evans-Pritchard, International Business Editor
Saudi Arabia has refused to cut interest rates in lockstep with the US Federal Reserve for the first time, signalling that the oil-rich Gulf kingdom is preparing to break the dollar currency peg in a move that risks setting off a stampede out of the dollar acroß the Middle East.
China threatens ›nuclear option‹ of dollar sales

Geldvernichtung von 1000 Milliarden Dollar!

zusammengezählt. Auch haben die Banken das Risiko in ihren Büchern noch nicht aufgedeckt, vielleicht sollte man in diesem Zusammenhang ihnen wirklich glauben – sie wissen es tatsächlich nicht. Während die fünftgrößte Investmentbank der USA, Bear Stearns, von heute auf morgen zahlungsunfähig wurde – kommen solche Einsich-

Krisenbanken Sachsen LB (links), Bayern LB (rechts), West LB. Mit abenteuerlichen Hypotheken haben sich öffentlich-rechtliche Landesbanken einfach verzockt, und der Staat – das Volk also – muß nun mit Milliarden einspringen, sonst droht die gesamte Volkswirtschaft einzubrechen. *Der Spiegel* (8/2008) prangert »eine verhängnisvolle Mischung aus Dilettantismus, Gier und politischer Protektion« an, die für viele der staatlichen, halbstaatlichen und öffentlich-rechtlichen Banken symptomatisch ist. Es ist ein Milieu, das nur im Schatten der öffentlichen Hand gedeihen kann«.

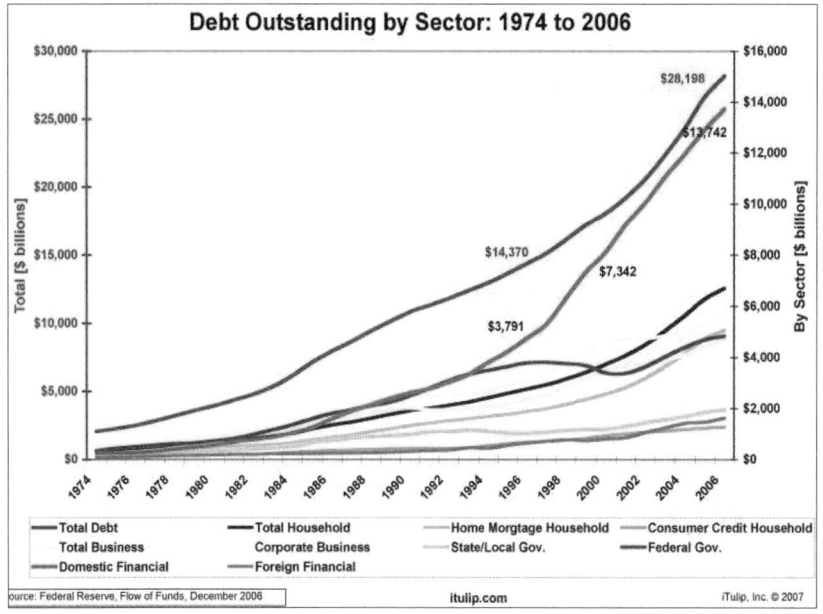

Gesamtheit der US-Schulden pro Sektor (1974 bis 2006) Quellen: Federal Reserve. http://www.itulip.com/

ten wirklich über Nacht? –, wird bereits über die Schwierigkeiten von Lehman Brothers spekuliert. Den einen Tag sieht der derzeitige Wirtschaftsminister Michael Glos dunkle Wolken am Wirtschaftshimmel, den andern Tag sieht er eine robuste deutsche Wirtschaft. In Italien ist der Protest gegen die hohen Lebensmittelpreise auf der Straße angekommen, in Großbritannien stürmten die Leute die Filialen der Hypothekenbank Northern Rock. Die Frage ist nicht, wer der nächste ist. Die Frage ist vielmehr, wohin uns diese Krise führt.

Milliardenwerte lösen sich über Nacht auf, der vielgeschmähte Staat soll Banken kaufen. Der Staat? Ist das nicht der Steuerzahler, wir, Sie und ich? Zahlreiche der Eliten haben sich hemmungslos bereichert und bereichern sich immer noch. Ob das IKB-Fiasko, West LB oder die Sächsische Landesbank, in ihren Beiräten verdienen sich zahlreiche Politiker ihr Sitzungsgeld. Hat schon jemand nach der Verantwortung der Verantwortungslosen gefragt? Herr Schäuble wird es schon richten, sollte jemand zu laut fragen – oder?

Ich kenne manchen, der im Rahmen seiner Möglichkeiten Bargeld im Hause hält, die ganz Schlauen in Schweizer Franken oder Währungen der Golfstaaten. Diese Währungen werden wahrscheinlich bei einer Währungsreform, und diese wird wohl unabwendbar auf uns zukommen, ihren Wert behalten. Einziges Problem – möglicherweise sind alle diese Konzepte angesichts der globalen Auswirkungen der US-Finanzkrise überholt. Die Sub-Prime-Krise ist nur die Spitze des Eisberges, Immobilienkrise, Kreditkartenkrise, allgemeine Kreditkrise . . . werden folgen. Spätestens dann dürfte der Dollar zusammenbrechen.[32]

[32] www.leap2020.eu/GEAB-N-17-ist-angekommen!-Die-gegenwartige-Krise-mit-einfachen-und-wenigen-Wortern-erklart_a940.html

Die USA haben seit dem Vietnamkrieg die Goldbindung des Dollars eindeutig aufgekündigt und bedrucken seitdem viel Papier mit dem Dollarzeichen. Man schätzt, daß die Dollar-Geldmenge allein im Jahre 2007 allein um 16 Prozent gestiegen ist. Genaues weiß niemand, da die USA seit 2006 die Geldmenge nicht mehr bekanntgeben. Spätestens damals hätten die Alarmglocken überall klingen müssen.

Nun hat nicht jeder so viel Bargeld oder Gold, um es sich unters Kopfkissen zu legen. Doch dort ist es wahrscheinlich sicherer als auf dem Konto Ihrer Bank, dem willkürlichen Zugriff des Staates ausgeliefert oder verschlossen in den Tiefen der Tresore. Hatten die Deutschen nicht schon einmal im patriotischen Überschwang gegeben – »Gold gab ich für Eisen«? Das war während jenes Krieges zur Befreiung von der napoleonischen Besetzung im Jahre 1812. Damals war aber auch die Steuerbelastung erträglicher, und man fühlte sich eher aufgefordert, dem Staat zu helfen.

Yellowstone Geysir. Die Krateroberfläche des Vulkans unter dem Yellowstone Park hat sich ab 2004 innerhalb von 30 Monaten um 18 cm erhoben. Wissenschaftler gehen davon aus, daß flüssiges Gestein in die Magmakammern fließt. Ob es zur Explosion kommt?

◆ Fragen Sie in den Einwohnermeldeämtern Ihrer Städte und Gemeinden nach Pässen! Beantragen Sie rechtzeitig Paßdokumente für sich und Ihre Familie!

Heute kann sich jeder gemäß Schengener Abkommen in Europa frei bewegen. Diese Freizügigkeit kann aber jederzeit und wurde auch bereits zeitweilig eingeschränkt. Wenn es nach dem derzeitigen Innenminister ginge, müßten sich die Bundesbürger ohnehin jeden Morgen zum Zähl- und Abgabeappell einfinden.

Also – ein gültiger Reisepaß statt eines Personalausweises und etwas Bargeld können hilfreich sein. In vielen Ländern dieser Welt sind Deutsche immer noch hochwillkommen, im Gegensatz zum eigenen Land, wo es für Jugendliche mit dem sogenannten ›Migrationshintergrund‹ statt Arbeit Islamunterricht geben soll.

Beim Ausbruch des namenlosen Vulkans unter dem Yellowstone Park oder einer anderen gigantischen Naturkatastrophe brauchen Sie allerdings keinen Paß mehr.

Dann geht es nur noch um das nackte Überleben!

◆ **Prüfen Sie Ihre Vorbereitungen!**

3. Vorbeugende Maßnahmen für den Ernstfall

A. Handeln im Notfall

En Krisenfall ist ein komplexer Vorgang, dessen Probleme man nicht mit einigen Handgriffen beheben oder gar lösen kann. Ist die Krise da, und Sie beginnen erst dann zu überlegen, kann es zu spät sein.

◆ **Wenn es zum Krisenfall kommt, muß man vorbereitet sein!**

Die folgenden Ratschläge beziehen sich auf Schadensereignisse wie Natur- und Umweltkatastrophen (z. B. Hochwasser), einschließlich großtechnischer Unfälle im In- und Ausland (z. B. Unfälle in Atomkraftwerken wie Tschernobyl), Katastrophenlagen in Folge z. B. von Tierseuchen oder auch kriminelle beziehungsweise terroristische Akte.

Als Extremfall müssen auch Krisensituationen erörtert werden, die durch Androhung von Gewalt, gewalttätige Auseinandersetzungen oder tatsächliche militärische Konflikte ausgelöst werden.

◆ **Die Sicherung von Leben gilt als oberstes Prinzip!**

Wenn Menschen verletzt worden sind, muß schnell gehandelt werden.

1. Leisten Sie Erste Hilfe (S. 98–108)!
2. Sichern Sie die Schadenstelle!
3. Rufen Sie Hilfe – Fußgänger, Autofahrer! Sie können mit jedem Mobiltelefon – auch ohne Karte – jederzeit kostenfrei die Notrufnummer 112 anrufen!
4. Bei Meldung an jegliche Behörde bitte präzise Angaben!
    ➢ Wo ist es geschehen?
    ➢ Was ist geschehen?
    ➢ Wie viele Personen sind verletzt?
    ➢ Welcher Art sind die Verletzungen?
    ➢ Warten Sie auf Rückfragen!

Bei einem Unfall mit einem Gefahrgut-Transporter nennen Sie die oberen Zahlen auf der orangefarbenen Warntafel am Fahrzeug!

◆ **Wichtig! Telefonieren Sie nur im äußersten Notfall!**
◆ **Nutzen Sie die Zeit bis zum Eintreffen der Hilfsdienste zur Hilfeleistung!**

In der oberen Reihe steht immer die sogenannte Kemler-Zahl. Sie bezeichnet die Gefahrenklasse des transportierten Stoffes. In der unteren Reihe steht die UN-Nummer, die den Stoff genau bezeichnet.

◆ **Grundsätzlich gilt für das Handeln im Notfall**
  ➢ Beobachten Sie die Umgebung! Sichern Sie!
  ➢ Ruhe bewahren, vermeiden Sie Hektik, Angst oder Panik. Beruhigen Sie Ihre Familie!
  ➢ Verständigen Sie sich mit Ihrer unmittelbaren Umgebung, mit Ihren Nachbarn usw.
  ➢ Hören Sie laufend die Nachrichten ab. Halten Sie ein batteriebetriebenes Radio bereit.
  ➢ Werden Sie sich über die persönliche Gefahrenlage klar!
  ➢ Überprüfen Sie Ihre persönlichen Notfallvorbereitungen!
  ➢ Verteilen Sie Aufgaben!
  ➢ Suchen Sie sich rechtzeitig sichere Fluchträume!
  ➢ Stellen Sie rechtzeitig Ihr Notgepäck zusammen!

◆ **Zivilschutz: ABC-Fall und akute Gefahrenlagen**

Gefahrenlagen werden durch Sirenenton angezeigt.

Warnung: Gleichbleibender Sirenenton für 3 Minuten.
Herannahende Gefahr! Radio oder Fernseher einschalten, Verhaltensmaßnahmen beachten.

Alarm: abschwellender Heulton von mindestens einer Minute.
Schützende Räumlichkeiten aufsuchen, über Radio und Fernsehen durchgegebene Verhaltensmaßnahmen befolgen!

Entwarnung: Gleichbleibender Dauerton von einer Minute.
Ende der Gefahr!

Aus: www.feuerwehr-ehrenburg.it/zssirene1.jpg

  ➢ Begeben Sie sich in diesem Fall sofort zum nächsten Rundfunkempfänger.
  ➢ Vorbereitet zu sein heißt mehr Sicherheit für sich und andere.

B. Kommunikation
Informationsquellen Fernsehen, Radio und Internet

Eine großflächige Katastrophe kann dazu führen, daß Teile der Bevölkerung von der Außenwelt abgeschnitten werden. Häufig ist dies mit dem Zusammenbruch der Stromversorgung verbunden. Fernsehen, netzbetriebene Radioempfänger, Internet unter anderem scheiden aus diesem Grunde zur Informationsbeschaffung aus.

Das wichtigste und einfachste Medium ist der Rundfunk. Über das Radio erreichen jederzeit lebenswichtige Informationen die Bevölkerung. Unter Umständen kann ein batteriebetriebenes Rundfunkgerät mit UKW-und Mittelwellenempfang die einzige Informationsquelle darstellen.

◆ **Empfehlungen:**
> **Rundfunkgerät** mit UKW und Mittelwelle für Batteriebetrieb (Weltempfänger empfohlen).
>
> **Senderfrequenzen:** Im Krisen- oder Katastrophenfall bringen die Rundfunksender wie zum Beispiel der Deutschlandfunk fortlaufend Informationen. Notieren Sie sich die Frequenzen oder merken Sie sich diese.
>
> Wer sich aus gutem Grund nicht allein auf deutsche Nachrichtensender verlassen will, sollte sich die Frequenz von BBC World oder anderen seriösen internationalen Sendern notieren.
>
> **Batterien:** Lagerfähigkeit und -datum beachten! Trockenbatterien mit Silizium sind unbegrenzt lagerfähig und verlieren nur geringfügig Energie. Trotzdem sollte man sie regelmäßig erneuern.

> **Internet**
> Amtliche Gefahrenhinweise der Zivil-und Katastrophenschutzzentren werden auch von verschiedenen Websites gebracht.
> www.t-online.de
> www.myweblife.de u.a.
>
> Vertrauen Sie aber nicht zu sehr darauf! Während das Wasser im Hausflur steigt, ist wohl keine Zeit, die Notrufnummer im Internet zu suchen.

- **Mobiltelefon** (und Netzteil)

    Da heute selbst Kinder bereits Mobiltelefone haben, wird jeder je nach Lage telefonieren. Die Notrufnummern werden hoffnungslos überlastet sein.

    Rufen Sie aus diesem Grund nur an, wenn es absolut notwendig ist!

    Schonen Sie Ihre Batterien und die Nerven der anderen!

- **Sprechfunkgeräte** (Netzteil und Batterien)

    Sie können eine wichtige Absicherung innerhalb der Familie darstellen und haben relativ niedrige Anschaffungskosten. Allerdings funktionieren die meisten Geräte nur im Umkreis von 500 m. Empfehlenswert ist daher eine Leistungsstärke, die mindestens 2 Kilometer weit reicht. Empfohlene Leistungsstärke 2, besser 5 Watt Sendeleistung.

    Akkubetriebene Geräte benötigen einen funktionierenden Netzanschluß. Wählen Sie Kombinationsgeräte für Akku- und Batteriebetrieb!

◆ Warten kann sehr belastend sein. Ein **Karten- oder Würfelspiel** lenkt ab und vertreibt die Zeit.

◆ **Prüfen Sie Ihre Vorbereitungen!**

C. Trinkwasservorräte (keimfreies Wasser, Behälter)

In jeden Notvorrat gehört eine ausreichende Menge Flüssigkeit. Hierfür eignen sich Mineralwasser, Fruchtsäfte oder andere lagerfähige Getränke.

◆ **Achtung! Auch diese Getränke haben Verfallsdatum!**

Natürlich kann man auch Leitungswasser trinken – solange es fließt. Im Notfall sollten größere Gefäße, einschließlich Badewannen, mit Wasser gefüllt werden.

Regenwassertonnen, lebensmittelneutrale Kunststoffbehälter, Kanister oder sonstige abgeschlossene Aufbewahrungssysteme können preisgünstig im Baumarkt erworben werden. Auch Camping- und Outdoor-Geschäfte verfügen über ein breites Angebot an Behältern.

Micropur oder andere Entkeimungsmittel gehören auf jeden Fall in ausreichenden Mengen in jedes Notfalldepot (siehe Hersteller- und Bezugsquellennachweis).

◆ **Verwenden Sie grundsätzlich Trinkwasser sparsam!**

Tabelle mit dem absoluten Minimum an Flüssigkeit		
Alter	Gesamtwasserzufuhr durch Getränke in l/Tag	Aufgerundet besser !!
Säuglinge		
bis 3 Monate	0,62	0,7
4–11 Monate	0,4	0,6
Kinder		
1–3	0,82	1,0
4–6	0,94	1,1
7–9	0,97	1,1
10–12	1,17	1,4
Jugendliche		
13–14	1,33	1,5
15–18	1,53	1,8
Erwachsene		
19–24	1,47	1,8
25–50	1,41	1,8
51–64	1,23	1,5
>65	1,31	1,5
Schwangere	1,47	1,8
Stillende	1,71	2,0

Quelle: Deutsche Gesellschaft für Ernährung, Österreichische Gesellschaft für Ernährung, Schweizerische Gesellschaft für Ernährungsforschung (Hr.), *Referenzwerte für die Nährstoffzufuhr*, Umschau Braus, Frankfurt/M. (2000)

◆ **Empfehlungen:**
  ➢ **Filtersysteme** (Katadynfilter o.ä.) sind in jedem Outdoorgeschäft oder im entsprechenden Versandhandel erhältlich. Mit ihnen kann man sehr wirksam auch stark verschmutztes Wasser zu Trinkwasserqualität filtern. Zu empfehlen sind Filtersysteme, die sowohl Keramikfilter als auch die Möglichkeit für den Einsatz eines Kohlefilters haben.
  ➢ Achtung! Kochen macht keimfrei, hilft aber nicht bei chemisch oder anderweitig verunreinigtem Wasser.
  ➢ **Gaskocher.** Für den Notfall sollten in jedem Haus separate Gaskocher sowie ausreichend Gaskartuschen und/oder Gasflaschen vorhanden sein. (Achten Sie auf identische Anschlußsysteme, z. B. von Gaslampen!)
  ➢ **Spiritus-und Benzinbrenner** sind sicherlich auch geeignet, aber in der Handhabung schwieriger und letztere auch gefährlicher.
  ➢ Bei Wassermangel kann der Einsatz einer **Campingtoilette** sinnvoll sein. Wer dies aus gutem Grunde scheut – ein kleines Erdloch an geschützter Stelle ist schnell gegraben und reicht für die ganze Familie.

◆ **Prüfen Sie Ihre Vorbereitungen!**

Ein separater ein- oder mehrflammiger Gaskocher mit entsprechenden Ersatzkartuschen gehört in jeden Haushalt.

D. Nahrungsmittel

Im Krisenfall ist die Nahrungsmittelversorgung (Lebensmittel, Wasser) der elementarste Punkt der Daseinsvorsorge.

1. Staatliche Reserven für den Notfall – jederzeit verfügbar?

»Staatliche Ernährungsvorsorge trägt dazu bei, kurzfristig Versorgungsengpässe in Krisensituationen zu überbrücken. Sie bedarf jedoch einer ergänzenden privaten Vorsorge. Staatliche und vor allem private Vorsorge ist auch in der heutigen Zeit wichtig. Dies gilt trotz der geringer gewordenen Wahrscheinlichkeit für den Eintritt eines Verteidigungs-, Spannungs- oder Bündnisfalls und der damit eventuell verbundenen Notwendigkeit, die Versorgung mit Nahrungsmitteln zu regeln. Es gibt weiterhin Sicherheitsrisiken als Konsequenz aus ernsten wirtschaftlichen, sozialen und politischen Schwierigkeiten, die – selbst wenn sie außerhalb Europas liegen – Auswirkungen auf die innere Ordnung Europas haben können. Zudem geben neuartige Risiken wie die zunehmende Verbreitung von Massenvernichtungswaffen ebenfalls Anlaß zur Sorge.«

Das Zitat stammt aus einem Merkblatt des Bundesamtes für Katastrophen- und Zivilschutz. Hier wird nichts beschönigt. Deutlich wird auf die Notwendigkeit, ja, die Pflicht jedes Bürgers zur privaten Vorsorge hingewiesen.

Es wird auch klar gesagt, daß die staatlichen Nahrungsmittelreserven ausschließlich zur Überbrückung von Versorgungsengpässen dienen.

Die rechtlichen Grundlagen

Das Reaktorunglück von Tschernobyl im Jahre 1986 war Anlaß für das *Ernährungsvorsorgegesetz (EVG)*. Es gilt für Versorgungskrisen in Friedenszeiten, unter anderem für Natur- und Umweltkatastrophen, kriminelle und terroristische Akte, flächendeckende Streiks und gravierende Störungen des Welthandels. Aufgrund des Gesetzes können staatliche Lenkungsmaßnahmen erlassen werden, um eine ausreichende Versorgung mit Erzeugnissen der Land- und Ernährungswirtschaft zu gewährleisten.

Das *Ernährungssicherstellungsgesetz (ESG)* greift bei politisch-militärischen Krisen ein, also insbesondere im Spannungs- und Verteidigungsfall sowie im NATO-Bündnisfall. Ziel dieses Gesetzes ist es, die

Versorgung der Zivilbevölkerung und der Streitkräfte mit land- und ernährungswirtschaftlichen Erzeugnissen sicherzustellen.

Ergänzend dazu wurden verschiedene Verordnungsermächtigungen verabschiedet, um ein Mindestmaß an Versorgungssicherheit zu gewährleisten.

Wie sehen diese staatlichen Nahrungsmittelreserven aus?

Die ›Zivile Notfallreserve‹ besteht aus Reis, Hülsenfrüchten, Kondensmilch und Vollmilchpulver. Diese Notfallreserve soll in Krisensituationen vor allem in Ballungsräumen zur Versorgung der Bevölkerung mit zumindest einer täglichen Mahlzeit eingesetzt werden.

Die ›Bundesreserve Getreide‹ besteht aus Brotgetreide (Weizen) und Hafer. Die Bundesreserve soll in einem Krisenfall eingesetzt werden, um die Mehl- und Brotversorgung aufrechtzuerhalten.

◆ Die ›staatlichen Nahrungsmittelreserven‹ sind nicht für eine flächendeckende Versorgung der Bevölkerung über einen längeren Zeitraum gedacht!

2. Private Vorsorge

Die Empfehlungen der Zivil- und Katastrophenschutzämter gehen von einem Mindestvorrat an Lebensmitteln für mindestens 14 Tage aus, der auch ohne Kühlung über längere Zeit lagerfähig ist. Dabei sollten unbedingt individuelle Eßgewohnheiten – unter Umständen medizinisch begründete – und auch geschmackliche Vorlieben berücksichtigt werden. Jetzt ist noch Zeit dafür!

Bei Katastrophen muß auch mit einer Störung der Wasserversorgung oder sogar mit einer Verseuchung des Trinkwassers gerechnet werden. Ein lagerfähiger Getränkevorrat und Behälter zum Abfüllen eines größeren Wasservorrats gehören zum Notvorrat. Ohne Nahrung kommen wir eine Weile aus, ohne Wasser nicht.

Den Gesamtbedarf Ihrer Familie können Sie mit Hilfe eines *Vorratskalkulators* im Internet errechnen:

➢ http://www.ernaehrungsvorsorge.de/index.php?id=38

Der Bedarf von 2200 kcal scheint allerdings etwas hoch gegriffen, doch besser zu viel als zu wenig im Ernstfall.

3. Wissen Sie, wieviel Ihre Familie innerhalb von 14 Tagen ißt? Der Vorratsrechner.

Lebensmittelgruppe	Menge
Getreide, Getreideprodukte, Brot, Kartoffeln	17,756 kg
Gemüse, Hülsenfrüchte	21,616 kg
Obst	13,510 kg
Getränke	74,20 l
Milch, Milchprodukte	14,282 kg
Fisch, Fleisch, Eier	6,562 kg
Fette, Öle	1,930 kg
Der Bedarf einer 4köpfigen Familie, 2 Erwachsene, 2 Kinder (bis 14 Jahre), berechnet nach Angaben des Bundesministeriums für Ernährung, Landwirtschaft und Verbraucherschutz	

Hätten Sie das gewußt? Auch wenn der Kalorienverbrauch eher dem von körperlich Tätigen entspricht, so ist doch die Menge erstaunlich groß. Damit erübrigt sich nahezu die Frage nach den Möglichkeiten staatlicher Vorsorge und Vorratswirtschaft.

Ein Vorratsplan hilft, den Überblick über die Menge der Vorräte zu behalten.

Den Vorratsplan sollte man stets konsequent ergänzen und entnommene Lebensmittel ausstreichen. Detaillierte Hinweise dazu werden in der Tabelle im Anhang aufgeführt.

4. Tipps für die Vorratshaltung von Lebensmitteln

➢ Lebensmittel bevorraten, die den Eßgewohnheiten der Familie entsprechen.
➢ Lebensmittel bevorraten, die nach Möglichkeit unbegrenzt oder langfristig auch ohne Kühlung haltbar sind.
➢ Lebensmittel möglichst kühl, trocken und lichtgeschützt aufbewahren. Auf luftdichte Verpackung achten.

- Lebensmittel mit einer Haltbarkeit von bis zu achtzehn Monaten müssen mit einem Mindesthaltbarkeitsdatum versehen sein. Nicht gekennzeichnete, aber länger haltbare Lebensmittel mit Einkaufsdatum beschriften.
- Nachgekaufte Vorräte nach ›hinten‹ stellen und die älteren Lebensmittel aufbrauchen, bevor ihr Verbrauchsdatum überschritten ist.
- Im Hinblick auf einen möglichen Stromausfall vorzugsweise Lebensmittel bevorraten, die im Notfall auch kalt gegessen werden können.
- Gelegenheit zum Kochen vorbereiten, falls Strom oder Gas ausfallen (z. B. Gaskocher, Gasflasche oder Kartuschen, Campinggeschirr)
- Denken Sie auch an eventuelle erforderliche Spezialkost, zum Beispiel für Diabetiker oder an Babynahrung.
- Zum Haushalt gehörende Tiere müssen bei der Bevorratung berücksichtigt werden.

Zwei Beispiele für eine sinnvolle und übersichtliche Lebensmittelbevorratung.
Aus: Hildegard Rust, *Vorratshaltung leicht gemacht!*, Augsburg 1996.

Ein Hinweis zur Haltbarkeit von Konserven

Unter normalen Verhältnissen sind die Herstellerangaben zum Verfallsdatum sinnvoll. In Ausnahmesituationen scheuen Sie sich nicht, auch Konserven zu essen, die schon verfallen sind. Ihre Nase und Ihre Geschmacksnerven sind in diesem Fall die besten Prüfwerkzeuge. Auf keinen Fall sollten Sie jedoch Dosen verwenden, deren Deckel oder Boden nach außen gewölbt ist. Diese sind für den Verzehr nicht mehr geeignet. Vorsicht Lebensmittelvergiftung!

Notproviant – die ›eiserne Reserve‹

Als ›eiserne Reserve‹ eignet sich hervorragend dehydrierte ›Outdoor-Nahrung‹. Sie ist unbegrenzt haltbar und leicht zu transportieren. Durch Zugabe von Wasser erhält man nahrhafte Mahlzeiten. Sie ist allerdings auch ziemlich immer noch hochwillkommen teuer.

Der BW-Notproviant (Bundeswehr) sowie die US-Truppenverpflegung MRE (Meal Ready to Eat) eignen sich hervorragend für die Notfallausrüstung. Im Internet werden bei ebay, aber auch bei Militärausstattern Notproviant-Pakete angeboten.

Grundsätzlich gilt, daß alle Dinge aus dem militärischen Bereich praktisch und durchdacht sind. Wir werden noch mehrmals darauf zurückkommen.

Dosenbrot und dunkle Schokolade (über 50% Kakaoanteil) sind wichtige Nahrungsergänzungen und geben schnell Energie.

Reines Eiweiß, als Nahrungsergänzung von Bodybuildern geschätzt, kann eine äußerst wertvolle Ergänzung zu Ihrer Ernährung darstellen. In jedem Löffel steckt ein Mammut, wie ein Schweizer Freund sagte.

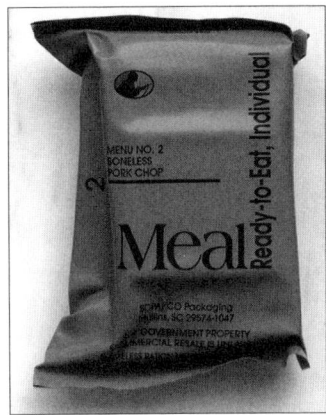

Von links: MRE-Pack und BW-Notproviant.

5. Vitamine

Viele Krankheiten sind auf einen Mangel an Vitaminen und Mineralstoffen zurückzuführen.

Gerade für Krisensituationen, in denen die Versorgung mit frischem Obst und Gemüse nicht oder nur schwierig erfolgen kann, sollte auch an einen Vorrat an Multi-Vitamintabletten für den täglichen Verzehr gedacht werden.

Wer ihn mag und auch verträgt – ein Geheimtip für die Vitaminversorgung ist Knoblauch!

Knoblauch wirkt unter anderem abwehrstärkend, aufbauend und vitalisierend. Bitte beachten, daß länger gelagerter Knoblauch einen guten Teil seiner Wirkstoffe verloren hat und bitter schmeckt! Knoblauchpräparate sind meistens geruchsarm oder gar -frei, laut *Stiftung Warentest* jedoch nicht selten unterdosiert.

- **Vitamin A**
  Haut, Augen (Nachtblindheit), enthalten in Fisch, Leber, Ei, Milch, kaltgepreßtem Öl, Karotten, Petersilie, Spinat, Aprikosen. Tagesbedarf: 0,8 bis 2 mg.

- **Vitamin B_1**
  fördert den Kohlenhydratstoffwechsel sowie die Bildung von Nerven und Gehirnzellen, enthalten in Getreide, Schweinefleisch, Leber, Hefe, Milch und Nüssen. Tagesbedarf: 1,2 bis 1,8 mg.

- **Vitamin B_2**
  Verwertung von Kohlehydraten, Fett und Eiweiß, enthalten in Gemüse, Milch und Fleisch. Tagesbedarf: 1 bis 2 mg.

- **Vitamin B_3**
  Förderung von Stoffwechselreaktionen, enthalten in Fleisch und Getreide, Tagesbedarf: 8 bis 15 mg.

Ernährungsfachleute sind der Ansicht, daß eine Vollwerternährung eine optimale Vitaminenzufuhr gewährleiste und daß Vitaminen-Präparate daher überflüssig seien. Ernährt sich aber jeder vollwertig? Und wie sieht es im Ernstfall aus?

- **Vitamin B_5**
  Förderung der Immunabwehr, Auf- und Umbau von Fetten sowie Energiegewinnung, enthalten in Fleisch, Getreide und Gemüse. Tagesbedarf: 4 bis 7 mg.

- **Vitamin B_6**
  gut für die Nerven, enthalten in Getreide, Nüssen, Milch, Hefe, Fleisch und Ei, Tagesbedarf: 1,6 bis 1,8 mg.

- **Vitamin B_{12}**
  Bildung der roten Blutkörperchen, enthalten in Leber, Ei, Fleisch, Fisch, Milch und Käse. Tagesbedarf 2 mg.

- **Vitamin C**
  wichtigstes Vitamin bei der Förderung der Immunabwehr und des Stoffwechsels, enthalten in Obst und Gemüse. Tagesbedarf: 75 mg.

- **Vitamin D**
  Knochenbau, enthalten in Fisch, Leber, Ei, Milch, Pilzen und Margarine. Tagesbedarf: 5 mg. Vitamin D ist auch das Sonnenvitamin. Es wird durch Licht in der Haut gebildet.

- **Vitamin E**
  Zellerneuerung, Antioxidant, enthalten in pflanzlichen Ölen, Leber, Ei, Sojabohnen und Blattgemüse. Tagesbedarf: 12 mg.

- **Vitamin H**
  Stoffwechsel, enthalten in Getreide, Blumenkohl, Leber, Ei, Hefe, Sojabohnen. Tagesbedarf: 0,25 bis 0,50 mg.

- **Vitamin K**
  Blutbildung und Blutgerinnung, enthalten in grünem Gemüse, Blumenkohl, Tomaten, Fisch, Fleisch und Milch. Tagesbedarf: 1,3 bis 1,5 mg.

- **Vitamin M (Folsäure)**
  Förderung der Immunabwehr, enthalten in grünem Gemüse, Kohl und Hefe (Brot und Backwaren). Tagesbedarf: 2 bis 4 mg.

Getreide ist wichtig für eine ausreichende Zufuhr an Vitamin B_3, B_5 und B6.

Das von der Weltgesundheitsorganisation (WHO) durchgeführte Monica-Projekt ließ beispielsweise vor einigen Jahren erkennen, daß im Raum Augsburg nur jeder vierte die empfohlene Tagesmenge von 12 mg Vitamin E erreichte!

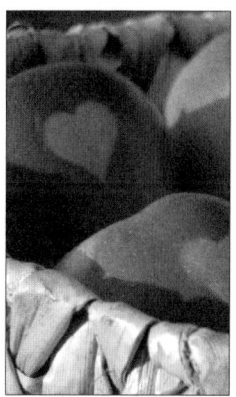

Der Apfel ist ein Tausendsassa in Sachen Ernährung und Gesundheit.

Eine Unterversorgung mit Vitalstoffen ist heutzutage weitverbreitet. Deren verschiedene Ursachen sind nicht Gegenstand dieses Buches. Fest steht, daß es bestimmte Situationen (z. B. Streß) oder Phasen gibt, in denen der Vitaminen- und Mineralstoffhaushalt arg strapaziert wird und ein Vitaminenmangel droht.

Die Einschätzung, daß Vitaminpillen die gleiche Wirkung wie Vitamine aus der Nahrung hätten, ist nach wie vor umtritten. Mehrere Studien haben nämlich ergeben, daß die in der Natur vorkommenden Vitamine *etwas* enthalten, was die synthetisch hergestellten nicht haben.

Ein Mangel an Mikronährstoffen (Vitaminen, Mineralstoffen, Spurenelementen und Aminosäuren) droht vor allem drei Personengruppen: Kinder und Jugendliche, Schwangere und Stillende sowie Senioren.

➢ Bevorzugen Sie Vitaminpräparate mit der Aufschrift »mit natürlichen Vitaminen«, da sie von einem natürlichen Ausgangsstoff synthetisiert wurden!

➢ Vitaminkomplexe (Multivitamine) sind besser als sogenannte ›Mono-Präparate‹.

Vitamin- und Mineralstoffpräparate sind auf den täglichen Bedarf abgestimmt und beeinflussen bei vernünftiger, das heißt *bestimmungsgemäßer* Anwendung den Gesundheitszustand günstig.

➢ Zu beachten!

○ *freiverkäuflich* sind Präparate, die aufgrund ihrer verhältnismäßig geringen Konzentration auch in Reformhäusern, Drogerien und Supermärkten, das heißt ohne fachliche Beratung, verkauft werden dürfen. In der Regel enthält eine Tablette *höchstens* die von der DGE empfohlene Tagesdosis für wasserlösliche Vitamine und Vitamin E. Es ist übrigens bezeichnend, daß freiverkäufliche Multivitaminpräparate in Deutschland außer Vitamin E *keine* fettlöslichen Vitamine (A, D und K) enthalten, die bekanntlich im Körper gespeichert werden und bei Überdosierung gesundheitsschädliche Wirkungen auslösen können. Bei Mineralstoffen beträgt der Anteil an der Tagesdosis pro Tablette dagegen nur rund 50 Prozent;

○ *apothekenpflichtig* sind Präparate, die die dreifache Menge der von der Deutschen Gesellschat für Ernährung empfohlenen tätglichen Zufuhr übersteigen und somit unter dem Arzneimittelrecht stehen; oft tragen sie die Bezeichnung ›forte‹ und empfehlen sich bei echtem Vitaminmangel sowie nach schweren Operationen und Krankheiten;

○ *rezeptpflichtig* sind alle Präparate, die die fettlöslichen Vitamine A, D und K in sehr hoher Dosis (Megavitamine) enthalten.

6. Natürliche Nahrungsergänzungsmittel

Im Bereich Nahrungsergänzungsmittel möchten wir neben Vitaminenpräparaten auch *natürliche* Nährstoffkomplexe hervorheben, die seit Jahrzehnten Anwendung in der Naturheilkunde finden. Diese aus der Natur gewonnenen Komplexe, die fast alle essentiellen (lebenswichtigen) Nährstoffe vereinigen, manche sogar in überaus starker Konzentration, sind komplette, außergewöhnliche, leicht assimilierbare Lebensmittel, die nicht nur eine unausgewogene Ernährung günstig ergänzen, sondern auch einen vorübergehend erhöhten Bedarf – etwa in der Streßsituation eines Ernstfalles – sichern, außerdem vorbeugend und therapieunterstützend wirken können.

Je nach Bedarf, den ein Arzt oder Heilpraktiker regelmäßig feststellen sollte, werden ein oder mehrere Komplexe kurmäßig (ca. vier Wochen lang) oder ständig eingenommen. Unsere Tabelle gibt eine Übersicht über Zusammensetzung, Wirkeigenschaften bzw. Anwendungsbereiche sowie Handelsformen (Tabletten, Kapseln, Saft, Tropfen usw.) der wirksamsten und bekanntesten dieser natürlichen Ergänzungsmittel.

	Zusammensetzung	Anwendungsbereich	Handelsform
Bierhefe	Proteine, Vitamin-B-Komplex	Anämie, Diabetes, Streß Depression	Pulver, Tabletten
Blütenpollen	Vitamine, vor allem Vitamin C	Immunsystem, Depression, Diabetes	Kapseln, Tabletten
Gelée Royale	Vitamin-B-Komplex, Mineralstoffe	Kräftemangel, Depression verdauungsfördernd	Gelee, Tabletten
Ginseng	Vitamin-B-Komplex, Vitamin C	Streß, Schwäche Depression, Ängste, Anämie	Tabletten
Lehm (Heilerde)	Mineralstoffe, Spurenelemente	Entzündungen, Übersäuerung, Darmsanierung	Pulver
Leinöl	ungesättigte Fettsäuren, Lezithin, Vitamin E	Immunsystem, infektionslindernd	Flasche
Meeralgen	reich an Mineralstoffen und Spurenelementen	Entmineralisierung, Immunsystem	Pulver, Tabletten
Sandorn	Vitamin C, Spurenelemente, Mineralstoffe	Streß, Immunsystem Schwäche	Saft, Elixier
Spirulina	Vitamin A, Vitamin-B-Komplex	Immunsystem, Diabetes Übersäuerung	Pulver, Tabletten
Weizenkeime	Vitamin E, Magnesium, Kalium, Phosphor	Depression, Schwäche Verkalkung	Flocken, Kapseln

7. Methoden zur Haltbarmachung von Lebensmitteln

Kein Lebensmittel ist unbegrenzt haltbar. Doch es gibt traditionelle Verfahren, mit denen man Lebensmittel haltbar machen und bevorraten kann. Unsere Großmütter kannten diese alle noch.

Heute arbeitet man im Haushalt vor allem mit Gefrieren, seltener mit Einkochen. Im Falle eines längeren Stromausfalls wird man zweifellos gern auf Eingekochtes zurückgreifen.

Es gibt darüber hinaus aber Verfahren wie milchsaures Vergären, Salzen, Zuckern, Pökeln und Räuchern sowie das Einlegen in Säure, Alkohol oder konservierende Lösungen. Beliebter wird auch wieder das Trocknen von Gemüse und Früchten.

In der Übersichtstabelle (nächste Seite) sind die bekanntesten Verfahren zur längeren Aufbewahrung und Konservierung von Lebensmitteln aufgeführt. Grundsätzlich beruhen diese Verfahren alle auf der Verlangsamung oder Blockierung des Wachstums von Mikroorganismen, Sporen und auf der Reduzierung der Enzymtätigkeit.

Herzhaft Eingelegtes in Öl (z.B. Schafskäse, Kräuter, Champignons oder Auberginen) oder in eine süß-saure Lösung (Gemüse) sind ebenfalls bewährte Methoden.

Die Angaben zu den Lagerzeiten sind unter Vorbehalt zu sehen. Ohne Probleme haben wir als Kinder bei Oma 5 Jahre alte Kompottgläser geleert. Sie waren zwar matschig, aber schmeckten noch immer.

> Oberstes Gebot beim Haltbarmachen ist die Sauberkeit, um den Keimgehalt möglichst niedrig zu halten. Vor und während der Verarbeitung Küchengeräte immer sofort säubern und mit klarem Wasser nachspülen.
> Verdorbene oder befallene Lebensmittel stellen eine Gefahr dar. bereits 2003 Es genügt sich, die befallenen Stellen auszuschneiden. Gerade in Krisenzeiten können Sie sich keine Ausfälle oder Krankheiten leisten! Nur einwandfreies, frisches Obst und Gemüse verwenden und sofort verarbeiten!
> Das Eingemachte und Eingelegte muß an einem kühlen, trockenen und der Zugluft zugänglichen Ort aufbewahrt werden.
> Achten Sie auf Schimmelbefall, gärende oder übelriechende Lebensmittel und Getränke!

Verfahren	Art der Konservierung	Lebensmittel	Lagerdauer
Kühlen	Wärmeentzug auf +2 bis +15 °C	Butter, Eier, Milch, Fisch, Fleisch, Obst, Gemüse	ein Tag bis mehrere Monate
Gefrieren	Wärmeentzug bis auf -18 °C, oder kälter	Gemüse, Fisch, Fleisch, Obst, Backwaren, selbsthergestellte Speisen	einige Monate bis ein Jahr
Einkochen	Hitzeeinwirkung zwischen 75 °C und 100 °C, teilweise Abtötung von Sporen und Mikroorganismen	Frucht- und Gemüsesäfte, Marmeladen, Konfitüre, Gelee, Chutneys	bis zu einem Jahr und länger
Trocknen (Dörren)	Wärmezufuhr, Wasserentzug	Trockenobst, Hülsenfrüchte, Kräuter, Getreide	bis zu einem Jahr und länger
Zuckern	Zuckerzusatz, Hitzeeinwirkung, Wasserentzug,	Marmelade, Konfitüre, Gelee, Fruchtsirup, kandierte Früchte	einige Monate bis ein Jahr
Säuern	Zusatz von Essig bzw. Essigsäure, pH-Wert-Absenkung,	Gurken, Mixed Pickles, Fisch, süß-sauer eingelegtes Obst und Gemüse	einige Monate
Einlegen in Alkohol	Zusatz von Alkohol	Rumtopf, Früchte in Alkohol	einige Monate
Einlegen in konservierende Lösungen	Verhindern des Luftzutritts (z.B. durch Kalk, Wasserglas, Öl)	Eier, Kräuter, Schafskäse	Wochen bis Monate
Milchsäuregärung	Bildung von Milchsäure durch Milchsäurebakterien, pH-Wert-Absenkung	Sauerkraut, saure Bohnen	einige Monate
Salzen oder Pökeln	Hemmung des Wachstums von Mikroorganismen durch Wasserentzug und teilweise Abtötung von Mikroorganismen durch Nitrit	Fisch, Fleisch, Fleischwaren	Wochen bis Monate
Räuchern	Zusatz von Räucherrauch und Wärme, Wasserentzug, teilweise Abtötung von Mikroorganismen durch bakterienabtötende Rauchinhaltsstoffe	Fleisch, Fisch	Wochen bis Monate

- **Schimmel**

  Schimmelbefall wird oft unterschätzt. Doch dabei können gesundheitsschädliche Stoffe entstehen, die man nicht schmecken oder riechen kann.

  Vorkommen: auf kohlenhydratreichen Lebensmitteln und auf eiweißhaltigen Stoffen. Besonders gefährdete Nahrungsmittel sind Nüsse, Getreide, Obst und Brot.

  Aussehen: Meist bildet sich ein äußerlich sichtbarer Belag, doch die Schimmelpilze können sich aufgrund ihrer Wasserlöslichkeit, auf den ersten Blick oft nicht erkennbar, im ganzen Lebensmittel ausbreiten.

  Vorbeugung: Für ihr Wachstum benötigen sie vor allem Wärme, Feuchtigkeit und unbedingt Sauerstoff.

- **Hefen**

  Hefen entwickeln sich in nährstoffreichen Flüssigkeiten abhängig von Temperatur, Säuregrad und Sauerstoffgehalt.

  Vorkommen: überwiegend auf sauren und kohlenhydratreichen Lebensmitteln, ferner auf Obst und Gemüse sowie in daraus hergestellten Produkten. Kennzeichend für Hefen ist, daß sie auch ohne Sauerstoff wachsen können.

  Aussehen: Geschmack säuerlich prickelnd, unangenehm scharf.

  Vorbeugung: Hefen entwickeln sich bei Temperaturen um die 25 °C (Zimmertemperatur) und verändern den Geschmack. Durch Kühlung vorbeugen.

- **Bakterien**

  Für die Notfallvorsorge spielt bakterieller Befall von Lebensmitteln nur eine untergeordnete Rolle, da Bakterienbefall überwiegend bei frisch zubereiteten Speisen auftritt. Aus Gründen der Vollständigkeit soll aber auch dieses Problem aufgeführt werden.

  Bakterien vermehren sich besonders gut in neutralem bis leicht alkalischem Milieu. Vielfach sind sie Verursacher von Fäulnisprozessen. Im Folgenden stellen wir Ihnen die gefährlichsten Vertreter kurz vor: Salmonellen, Staphylokokken und Clostridium botulinum. Sie wirken direkt oder durch Stoffwechselgifte.

- **Salmonellen**

    Vorkommen: Salmonellen, besonders anfällig Geflügel, Hackfleisch, Wurstwaren, Eier. Durch Verunreinigungen (Schmierinfektion) können aber auch zubereitete Speisen wie Kartoffelsalat, Dessertspeisen oder Speiseeis betroffen sein.

    Aussehen: Salmonellen sind in Lebensmitteln nicht wahrnehmbar!

    Symptome: sechs bis zwölf Stunden nach dem Verzehr infizierter Nahrungsmitteln Erbrechen, Durchfall, Übelkeit, Kopfschmerzen und Fieber.
    Dringend ärztlichen Beistand suchen!

    Vorbeugung: Fleisch, Verarbeitungsgeräte und Arbeitsplatz gründlich mit heißem Wasser abwaschen. Aufbewahrung im Kühlschrank oder schnelle Verarbeitung (beste Form Kochen).

- **Staphylokokken**

    Vorkommen: Staphylokokken (Eitererreger) können während der Verarbeitung in Speisen geraten (z. B. Kartoffelsalat, Fleisch- und Geflügelsalat, gekochter Schinken, Cremes).

    Aussehen: Eitererreger befinden sich in offenen Wunden, Speichel und auf Nasen- und Rachenschleimhäuten. Bei Temperaturen zwischen 20 und 45 °C vermehren sich diese Keime besonders schnell.

    Symptome: nach etwa zwei bis sechs Stunden Erbrechen, Leibschmerzen, Durchfall sowie eventuell Kreislaufstörungen.

    Vorbeugung: Konsequente Hygiene, nicht auf Speisen husten oder niesen, Wunden sauber abdecken, Gummihandschuhe verwenden.

◆ Prüfen Sie Ihre Vorbereitungen!

4.
Energiefragen

A. Energieausfall

Der Ausfall einer Energiequelle für nur wenige Stunden ist nicht tragisch. Doch was ist, wenn dieser Ausfall über mehrere Tage oder Wochen geht? Strom, Gas und Öl sind die Schlüsselworte des technischen Zeitalters.

Im Zuge der Überführung des Luxusschiffes ›Norwegian Pearl‹ in die Nordsee am 4. November 2006 wurde die 380-kV-Ems-Freileitungskreuzung bei Weener abgeschaltet. Die dadurch erzeugte Überbelastung des norddeutschen Stromnetzes führte zu einem Stromausfall in mehreren westeuropäischen Ländern.

Insbesondere der Strom nimmt dabei eine herausragende Stellung ein. Wenn er nicht fließt, geht nichts mehr. Licht, Elektrogeräte, Kommunikation, Heizung – alles fällt aus. Die Kühltruhe wird langsam warm, die Bank könnte zwar geöffnet haben, doch das Bargeld liegt hinter elektrischen Zeitschlössern. Daß es nicht so extrem kommen muß und trotzdem schon verhängnisvolle Folgen haben kann, beweisen verschiedene Computerausfälle – es geht nichts mehr, trotz Strom. Dafür konnte man aber wenigstens noch Essen kochen.

Dies ging am 4. November 2006 aber auch nicht mehr.

Der Ausfall einer Stromleitung im Emsland bei der Überführung eines Schiffes von der Meyer-Werft zur Nordsee führte zum Stromausfall in halb Europa.[34]

Wie üblich, beschwichtigten alle Seiten. Sie werden auch weiter beschwichtigen, trotz des mittlerweile bekannten maroden Zustandes

---

[34] http://www.heise.de/newsticker/meldung/81089/
Internetseite mit Auflistung zahlreicher Stromausfälle und ihrer Hintergründe.
http://www.udo-leuschner.de/energie-chronik/ystromausfall.htm

Im technischen Zeitalter hat der Ausfall einer Energiequelle verheerende Folgen für sämtliche Lebensbereiche. Der Fall Münsterland wird leider kein Einzelfall bleiben.

Bilder aus http://www.energieverbraucher.de/de/Energiebezug/Strom/Sicherheit_und_Qualitaet/Stromausfall_Muensterland/site__1660/

unserer Stromnetze. Im Münsterland fiel dann im Winter 2006 der Strom eine ganze Woche lang aus, weil der Stahl der Strommasten mit der Zeit brüchig geworden war. Auch dort wurde beschwichtigt, trotz der Offensichtlichkeit der Versäumnisse. Im Sinne der Aktionäre mag Profitmaximierung durchaus richtig sein, nur die Zeche zahlen wir – die Verbraucher.[35]

Nicht zu vergessen: Der Staat kassiert mittlerweile rund 42 Prozent bei jedem Euro Strom-Gas-Öl-Kosten mit (Stand 2007). Ein Schelm, wer sich bei diesem Politik-Wirtschaftskartell etwas denkt. Die Kartelle werden per Ministerverfügung genehmigt, anschließend bedankt man sich mit hohen Posten im Konzern.[36] So wechselten zwei Mini-

---

[35] Die Vattenfall AG hat in den ersten 9 Monaten des Jahres 2007 trotz des exorbitanten Verlustes durch den Brand im Kernkraftwerk Brunsbüttel (über 150 Millionen Euro) und massiver Kundenflucht eine Gewinnsteigerung von 6,9% auf 11,2 Mrd. Kronen, d. h. etwa 1,2 Mrd. Euro, erzielt.

[36] Der damalige Bundeswirtschaftsminister Müller wurde nach seinem Ausscheiden aus dem Amt Chef des RAG-Konzerns, sein für die Kartellgenehmigungen zuständiger Staatssekretär Alfred Tacke folgte ihm kurz danach und wurde Chef der Stehag, einer Tochter der RAG.

ster unmittelbar nach ihrem Ausscheiden aus dem Amt zur Energiewirtschaft, Werner Müller und sein Nachfolger Wolfgang Clement.

Die nachgewiesenen Preisabsprachen an der Strombörse sowie der Betrug am Verbraucher mittels Emissionszertifikaten wurden vom Chef des Bundeskartellamtes, Dr. Bernhard Heitzer, gegen eine geringe Auflage eingestellt. Man darf gespannt sein, welcher Posten dem Chef des Kartellamtes nach seinem Ausscheiden aus dem Amt angeboten wird.

Aktuell spricht auch die Bundesregierung plötzlich von Manipulation des Strompreises (Stand November 2007). Wird demnächst irgendwo gewählt, oder woher kommt der plötzliche Gesinnungswandel?

Gut, wer da vorgesorgt hat!

Bedenken Sie, daß ein Energieausfall über mehrere Wochen anhalten kann!

My home is my castle.

B. Notstromaggregate, andere Energiequellen, Batterien,

➢ **Notstromaggregat** – Ein Notstromaggregat reicht für die Notbeleuchtung und die Kühltruhe, schon bei der Versorgung der Heizung wird es problematisch, da die Einspeisung vom Elektriker vorbereitet werden muß. Selbst das sparsamste Notstromaggregat verbraucht Brennstoff, und dies nicht zu knapp.

Beispiel: Bei kontinuierlicher Stromabnahme von 2,5 kW Verbrauch etwa 2 Liter prob Stunden, also in 9 Tagen rund 200 Liter Verbrauch.

Die Bevorratung einer solchen Menge Brennstoff ist genehmigungspflichtig!

Verfügen Sie über eine Ölheizung, könnte der Brennstoff auch daraus entnommen werden. Dies muß jeder individuell entscheiden.

Wenn Sie bereits ein Notstromaggregat besitzen oder unbedingt die Anschaffung planen, sollten Sie es nur für besondere Fälle verwenden, das heißt für das Aufladen von Akkus, die Notfallbeleuchtung für Reparaturen, Hilfs- und/oder Sicherungsmaßnahmen in der Dunkelheit. Licht erschreckt auch Diebe und andere lichtscheue Elemente.

Überprüfen Sie die Lampen im und am Haus auf den Stand der Technik. Es gibt viele energiesparende und somit auch kostengünstige Lampensysteme. Mit Blick auf die Haushaltskasse werden dies viele bereits gemacht haben. Überprüfen Sie trotzdem regelmäßig Ihre technischen Anlagen, die technische Entwicklung (z. B. LED-Technik) verläuft rasant.

➢ **Taschenlampen** – In jedem Haushalt sollte pro Person eine intakte Taschenlampe zur Verfügung stehen. In letzter Zeit sind im Handel Taschenlampen mit LED-Lichtquellen erhältlich. Da diese Taschenlampen extrem wenig Energie verbrauchen oder sogar mechanisch ohne Batterie betrieben werden können, sind sie dringend für die Anschaffung zu empfehlen.

Sehr praktisch sind auch die sogenannten Expeditions- oder Stirnlampen mit LED-Lichtquellen. Sie sind individuell einstellbar, und man hat die Hände zum Kochen, für die Arbeit und zum Helfen frei.

➢ **Batterien** – Grundsätzlich gehören in jeden Haushalt, also auch in den Notvorrat, verschiedene handelsübliche Batterien. Versuchen Sie, die Größen zu optimieren!

Prüfen Sie den Bedarf an Batterien und die jeweiligen Größen in:
- Taschen- und Stirnlampen (u.U. Ersatzbirnen, entfällt bei LED-Lampen),
- Radio,
- Uhren,
- Sprechfunkgeräten,
- GPS-Gerät (nicht zwingend, aber falls vorhanden).

➢ **Akkumulatoren** benötigen nach Entladung wieder Strom zum Aufladen, sind also im Ernstfall nur bedingt tauglich.

Prüfen Sie auch hier den Bestand und die Lademöglichkeiten, eventuell die Ersatzmöglichkeiten durch handelsübliche Batterien.

Grundsätzlich gilt es, darauf zu achten, bei allen technischen Systemen ein Höchstmaß an Standardisierung zu erreichen. Technische Güter, die besondere Vorkehrungen, Ersatzteile oder Verbrauchsmittel benötigen, sollten schnellstmöglich ersetzt werden.

➢ **Solaranlagen** – Im Prinzip kann man Sonnenpaneele zum Aufladen von Akkumulatoren verwenden. Für Taschenlampenakkus gibt es diese im Outdoorhandel. Die elektrotechnischen und elektronischen Bauteile für die größere Adaptierung sind noch recht teuer und erfordern Sachkenntnis. Das heißt aber nicht, daß bei der rasanten technischen Entwicklung nicht schon bald derartige Produkte preiswert im Handel erhältlich sein werden.

➢ **Kerzen, Streichhölzer, Feuerzeuge, Teelichter** – Stellen Sie sich vor, Sie und Ihre Familie müssen vier Wochen nur mit Kerzenlicht auskommen. Kerzen sind noch von den allgemeinen Preissteigerungen ausgenommen, eine Bevorratung ist kein verlorenes Geld.

Achten Sie darauf, daß Streichhölzer und Feuerzeuge an einem trockenen Ort liegen.

Ein Tip nicht nur für Kaminbesitzer: Ein größerer Vorrat an Kohlenanzündern erspart viel Arbeit beim Anzünden – auch von nassem Holz.

➢ **Gas-Campingkocher** (eine und/oder zwei Flammen). Empfohlen!
  - Gaskartuschen (Baumärkte),
  - Gasflasche (sollte gefüllt im Haus vorrätig sein, Bezug in der Regel über die Stadtwerke und Baumärkte),
  - Unter Umständen Lampenaufsatz für Gaskocher,
  - Ersatzglühstrumpf (Baumärkte, Outdoorbedarf).

Oder alternativ:
➢ **Spiritus-, Trockenspiritus- oder Benzinkocher**
  - ausreichender Brennstoffvorrat

➢ **Grill** (auch im Winter kann man grillen)
  - Holzkohle
  - Grillanzünder

➢ **Die richtige Kleidung** gehört auch zur Energiefrage, siehe Kapitel 8, S. 123–124.

◆ **Prüfen Sie Ihre Vorbereitungen!**

C. Kamine und Öfen

Haben Sie schon einmal im Winter am Samstagnachmittag einen Ausfall Ihrer Heizung gehabt, und es war kein Notdienst erreichbar? Erstaunlich schnell kühlen die Räume ab. Am nächsten Morgen trauen Sie sich kaum aus dem warmen Bett und frieren beim Waschen mit kaltem Wasser. Wie wohltuend könnte da ein warmer Kaffee oder Tee sein! Vorausgesetzt, man hat eine Kochgelegenheit. Ist diese nicht vorhanden, vergeht die Zeit noch langsamer.

Keine Panikmache, sondern Lebenserfahrung.

Wußten Sie, daß in deutschen Wäldern täglich 260 000 Kubikmeter Holz wachsen, von dem lediglich zwei Drittel genutzt werden?

Wir sind mittlerweile von einer Vielzahl uns teilweise unbekannter Faktoren abhängig. Unser Gas kommt aus Holland und Rußland, unser Öl aus Norwegen, Rußland und der Arabischen Halbinsel, unser Strom kommt und geht in alle Richtungen – wenn er geht. Doch ohne Strom zündet keine Heizung, drückt keine Pumpe das warme Wasser durch die Heizkörper.

Angesichts steigender Energiepreise haben sich viele Hausbesitzer in den letzten Jahren Holz- bzw. Kaminöfen und Brennholzvorräte angelegt. Viele haben diese Öfen angeschlossen und nutzen sie als Übergangsheizung. Auf jeden Fall ist selbst ein billiger Ofen im Keller eine gute Rückversicherung für den Ernstfall.

Ob auch für Sie diese Möglichkeit besteht, sollten Sie mit Ihrem zuständigen Schornsteinfeger besprechen. Er wird sie auch über die Anschlußmöglichkeiten und die notwendige Leistung eines Ofens beraten. Hören Sie aber genau zu, viele sind willige Vollzieher des Staates, und dem paßt die Holzheizung schon lange nicht mehr.

Nur zu gern hätte er die 40 Prozent Steuer kassiert?!

Heizen mit Holz ist umweltverträglich. Bei der Holzverbrennung wird nur so viel Kohlendioxid freigesetzt, wie der Baum zu Lebzeiten aufgenommen hat. Der Treibhaus-Effekt wird also durch das natürliche Heizen mit Holz vermieden.

Die von der dogmatisierten Ökolobby und anderen interessierten Kreisen geführte Diskussion um die Feinstaubbelastung der Umwelt durch Kamin- und Ofenfeuer und ihr beschlossenes Verbot oder die teure Nachrüstung ist sehr durchsichtig und paßt in dieses Konzept staatlicher Gier. Man bedenke, daß der Staat diese Art der Grundversorgung (noch) nicht besteuern kann. Holz verbrennt allgemein umweltneutral, durch Verbrennung entsteht genau so viel CO_2 wie bei der Verrottung. Doch nun hat man sich mit der Feinstaubbelastung etwas Neues ausgedacht, und die Medien und die Schornsteinfeger fangen reflexartig an, wegen der Feinstaubbelastung Erstickungsanfälle zu bekommen.

Die tatsächlich vorhandene Feinstaubbelastung sowie die gesundheitlich äußerst gefährlichen Nanopartikel aus Katalysator und unter hohen Drücken optimierter Verbrennung von Benzin- und Dieselmotoren sind erst mit den Ökodiktaten aufgetreten. Sie wird aber von der Lobby verschwiegen.

Das Umweltbundesamt – nicht nur Sprachrohr der Ökolobby, sondern von dieser auch personell kontrolliert – propagiert nun sehr durchsichtig Holzpellets als Alternative zur Holzheizung.

Aber wer weiß schon, daß in kanadischen Wäldern das Holz für die Pellets geschlagen wurde, die Bäume auf Schiffen nach Deutschland gebracht und dann hier zu Pellets verarbeitet wurden? Das Ganze natürlich hochsubventioniert! Zugleich wurde mit Unterstützung des

Umweltbundesamtes eine Förderung für die Brennertechnologie eingeführt.

Mittlerweile gibt es eine einheimische Lobby der Hersteller und der Verbraucher, da entsprechend viele Heizungen gekauft worden sind. Die Förderung wurde inzwischen gestrichen. Nun ist der Zeitpunkt, weitere Abhängige zu schaffen, und so bekommen die Pläne der Ökolobby Gesetzeskraft. »Ohne weitere Maßnahmen drohen deutlich steigende Emissionen« – wer es glaubt! [37]

Vergessen wir in diesem Zusammenhang nicht die Lobby der Schornsteinfeger, die zukünftig sogar die Feuchtigkeit im Lagerholz messen soll, gegen Gebühr versteht sich.

Nicht nur aus Eigennutz hat sich die Industrie lange gegen das Ökodiktat ›Feinstaub‹ gewehrt, sondern im Wissen um die Unsinnigkeit dieser Diskussion. Unsere Luft ist in der Vergangenheit besser geworden, das ist eindeutig. Mit der politischen Feinstaubdiskussion moralisch hochgerüstet, zwingt man aber jetzt den Autofahrer, teure Filter einzubauen. Dieses soll auch den Hausbesitzern drohen – ein Feinstaubfilter im Schornstein, ansonsten die Stillegung und das recht bald. Käufliche Gutachter gibt es für jede Idee, nicht nur die Gerichte wissen dies.

Wie interessengesteuert die gesamte Diskussion um den Feinstaub ist, zeigt schon die undifferenzierte und in den Medien teilweise dumme Diskussion.

Fragen Sie die Forstverwaltung Ihrer Gemeinde, wo und in welchem Umfang Sie frisch geschlagenes Holz abholen oder erwerben können!

Emissionen aus Holzfeuerungen bestehen überwiegend aus Kaliumchlorid und fallen schnell aus der Luft aus. Sie sind im direkten Vergleich mindestens zehnmal weniger umweltbelastend als Dieselruß, der überwiegend aus krebserzeugenden, polyzyklischen aromatischen Kohlenwasserstoffen besteht. Je feiner, desto gefährlicher. Daß Feinstaub nicht gleich Feinstaub ist, sehen wir an der Nordsee. Die Feinstaubbelastung durch Natriumchlorid-Aerosol in der Luft gilt als gesundheitsfördernd.

Umweltminister Gabriel fördert derweil mit deutschen Steuergeldern ein indisches Ökoprojekt, um die Energiebilanz seiner umweltbelastenden ministeriellen Fahrzeugflotte wiederherzustellen.

◆ **Entscheiden Sie, und lassen Sie sich nicht entscheiden!**

Bezüglich vernünftiger und auch entschlossener Eigeninitiative ist es der eigenen Verantwortung überlassen, im Falle einer gesetzlichen

---

[37] http://www.umweltbundesamt.de/uba-info-presse/hintergrund/holzfeuerung.pdf v. 09.03.2006

Holz enthält keinen Schwefel. Aus diesem Grund ist Heizen mit Holz für den sauren Regen nicht verantwortlich.

Reglementierung oder sogar eines Verbotes gegenzusteuern. Aus gesetzlichen Gründen muß hier auf weitergehende Empfehlungen verzichtet werden. Aber denken Sie sich Ihren Teil gegen die Bevormundung durch diesen Staat und diejenigen, die ihn auf Kosten des Gemeinwohls benutzen.

Übrigens, man muß nicht Hausbesitzer sein, um einen Kaminofen aufzustellen. Sprechen Sie mit Ihrem Vermieter.

1. Allgemeine Empfehlungen:

➢ **Kamine** sind dekorativ, doch als Wärmequelle unzulänglich. Sie verbrauchen sehr viel Holz, und der größte Teil der Wärme geht verloren. Max. 20 Prozent Heizleistung.

➢ **Kaminöfen** sind relativ billig in der Anschaffung und sparsam im Verbrauch. Sie heizen selbst größere Räume sehr schnell, sollten aber regelbar sein. Nach Erlöschen der Glut kühlen sie schnell ab. Sie können mit sehr geringem Aufwand innerhalb kürzester Zeit aufgestellt und angeschlossen werden. Sie sind die optimale Alternative bei Ausfall anderer Heizsysteme. Leistung und Effizienz je nach Bauart.

Die Regel besagt, daß 1 kW Heizleistung etwa 8 bis 10 qm Wohnfläche erwärmen. Die gebräuchlichen Kaminöfen haben zwischen 5 und 8 kW.

Von links: Kaminöfen zweier deutscher führender Hersteller (Kago und Hark). Durch bedarfsgerechte Brennstoffzufuhr sind die neueren Kaminöfen besonders leistungsstark.

➢ **Kachelöfen** sind teuer in der Anschaffung und nehmen relativ viel Platz ein. Allerdings haben sie eine hervorragende Leistungsbilanz hinsichtlich Menge des verbrannten Holzes und Wärmespeicherung und -abgabe, nämlich rund 90 Prozent.

Holz, das 2 bis 3 Jahre gut belüftet und trocken gelagert hat, eignet sich am besten, denn es weist dann eine Restfeuchte von höchstens 20 Prozent auf.

2. Wichtige Voraussetzungen:

➢ Verfügbarer und freier Schornsteinzug.
➢ Genügend Schornsteinhöhe für das einwandfreie Funktionieren des Kaminofens.
➢ Brandschutz.

Falls kein Schornstein mehr vorhanden ist oder alle durch andere Nutzung belegt sind, bieten verschiedene Hersteller alternative Lösungen für den Rauchabzug an. Ihr Ofen- und Heizungsbauer und auch der Schornsteinfeger geben sicher Auskunft.

Auch in der Heiztechnik verläuft die technische Entwicklung rasant. Moderne Kaminöfen sind mit einer speziellen Scheibenhinterlüftung ausgestattet, die nicht nur die Aufgabe hat, die Rußbildung auf der großen Sichtscheibe zu verhindern. So kann die erzeugte Wärme als Strahlungswärme über die Frontscheibe optimal abgegeben werden – und als Konvektionswärme über die Lüftungsschlitze.

Es gibt inzwischen Kaminöfen-Ausführungen mit Bio-Ethanoleinsatz, die den Vorteil haben, keinen Schornstein zu erfordern.

Tip:

Der Kanonenofen ist eine einfach aufzustellende und häufig auch optisch ansprechende Alternative, wenn alles andere versagt. Es können damit auch größere Räume schnell geheizt werden.

In dieser Ofenklasse gibt es verschiedene Hersteller auf dem Markt, letztlich bietet auch jeder Baumarkt praktikable und preisgünstige Lösungen.

Kanonenofen.

◆ **Prüfen Sie Ihre Vorbereitungen!**

---

[38] http://www.bullerjan.de/web/der-bullerjan.html?lang_id=1

5. Werkzeuge

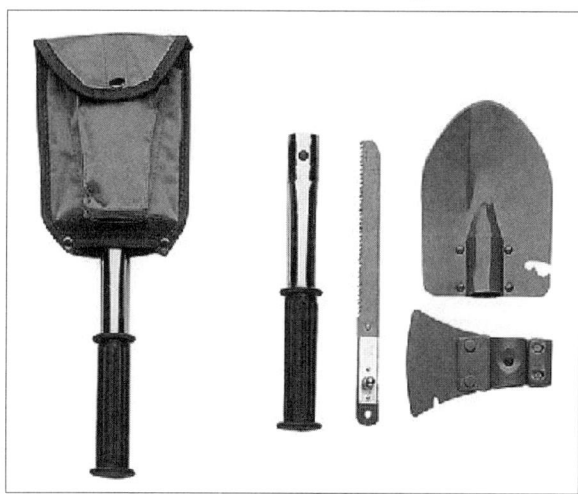

Werkzeuge

Werkzeuge sind in fast jedem Haushalt vorhanden. Meistens befinden sie sich jedoch in kreativer Unordnung im Haus oder in verschiedenen Schubladen verteilt.

Die Anforderungen an einen Werkzeugkoffer für den Notfall sind auch andere als für den normalen Reparaturfall im Hause. Die Bestückung des Koffers ist natürlich von Ihren handwerklichen Fertigkeiten abhängig, und der Phantasie sind dabei keine Grenzen gesetzt. Sämtliche Artikel sind unter anderem in Baumärkten kostengünstig zu erwerben. Bedenken Sie aber, je handlicher und leichter, desto praktischer. Gehen Sie über diesen Punkt nicht einfach hinweg nach dem Motto »Habe ich alles!« Im Ernstfall sind Sie froh, daß wenigstens der Hammer am richtigen Platz liegt.

Werkzeugkoffer (Vorschlag)

- Arbeitshandschuhe,
- Hammer,
- Kombi- und Rohrzange,
- Schraubendreher Kreuzschlitz + Normal (je 2 Größen),
- Spannungsprüfer für elektrische Leitungen,
- Schachtel mit langen Nägeln und Schrauben,
- Ast- und/oder Baumsäge (z. B. im Outdoor-Bedarf gibt es Sägen mit kleinem Packmaß),
- Multitool-Werkzeug (z. B. Gerber, Leatherman),

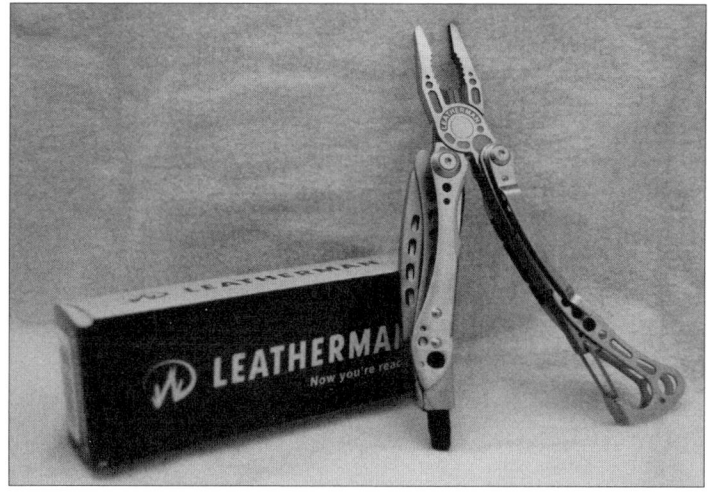

Multitool-Werkzeug Leatherman.

- Messer mit durchgehender Klinge (min. 20 cm),
- Axt oder robustes Handbeil (z. B. Fiskars, Gränsfors),
- Seil 20 m (mind. Durchmesser 0,80 cm),
- Karabinerhaken,
- Umlenkrolle,
- Rolle Bindedraht,
- Packung Kabelbinder (extralang),
- Rolle breites Isolierband zum Abdichten (Gaffertape oder Paketband),
- Zündhölzer (wasserdicht verpackt) und/oder ausreichende Menge Sturmzündhölzer,
- Feuerzeuge nachfüllbar + Feuerzeuggas,
- Klappspaten,
- Taschenlampe + Ersatzbatterien.

Die Fahrt mit dem Auto ist im Krisenfall riskant. Viele werden auf diese Idee kommen, und die Straßen, insbesondere die Autobahnen, werden entsprechend voll sein.

6.
Mobilität, Fahrzeuge

Die Fahrt über die Landstraße wird erheblich mehr Benzin oder Diesel verbrauchen, Sie unter Umständen aber eher an das Ziel bringen. Unterschätzen Sie auf keinen Fall das Fahrrad. Auch wenn das in unseren schnellen Zeiten eher anachronistisch anmutet – es geht um Ihre Gesundheit oder sogar um Ihr Leben.

Die nachstehenden Hinweise gehören eigentlich auch im normalen Leben zum Standard. Wer fährt schon in den Urlaub, ohne Tank, Ölstand und Reifendruck geprüft zu haben!

◆ Grundsätzlich gilt auch hier: **Die beste Vorbereitung beginnt vor dem Krisenfall!**

➢ Beachte!
Verkehrsmittel können über Notfallverordnung beschlagnahmt werden.
Individualverkehr kann von Behörden, Bundeswehr und Polizei allgemein oder regional begrenzt untersagt werden.

Auto

Das Auto sollte vollgetankt sein, 2 Reservekanister (je 20 l) haben. Ersatzreifen und Ölstand sollten geprüft sein.

Unabhängig von einer GPS-Einrichtung ist ein umfangreicher Kartensatz ›Deutschland und angrenzende Länder‹ hilfreich.

Dachgepäckträger werden immer gebraucht und sind eine praktische Erweiterung der Transportmöglichkeit.

Werkzeugsatz Auto (mit Werkzeugkoffer abstimmen)

○ Arbeitshandschuhe, Wagenheber, Schlüsselsatz, Kombizange, Rohrzange, Schraubendreher, Satz Inbusschlüssel, Hammer, 2x Montiereisen, Metallfeile, Hubzug + Stahlseil oder Kette, Seilklemmen, 2 Seilschäkel, Klappspaten, kleine Brechstange (Kuhfuß), Kanister, Schlauch (3 m zum Überleiten von Treibstoff), Starthilfekabel, Handluftpumpe o. ä.
○ Abschleppseil, Schneeketten, Tarnnetz
○ 2 große, warme Decken, Taschenlampe und Ersatzbatterien, Verbandskasten

Nun gibt es immer noch Leute, die auf das Motorrad als schnellstes und auch geländegängigstes Fort- und Fluchtfahrzeug schwören. Das ist sicher richtig so! Allerdings sollten dies nur Leute in ihre Planung einbeziehen, die auch wirklich fahren können. Das sind nicht so viele, und für Familien ist es gänzlich ungeeignet.

Für denjenigen, den es interessiert, und der Vollständigkeit wegen:
Fahrrad
- Satz Reparaturwerkzeug und Flickzeug,
- Ersatzschläuche,
- Luftpumpe,
- Packtaschen.

Ihr Rennrad stellen Sie ruhig in den Keller! Opas Tourenrad oder ein robustes Trekkingrad ist gefragt.

Wohin im Krisenfall?

Zur Krisenvorsorge gehört auch, daß man sich über mögliche Fluchtpunkte Gedanken macht. Verwandte oder Freunde auf dem Land, idealerweise auf dem Bauernhof wegen der besseren Versorgung, oder Ferienhäuser sind sichere Aufenthaltsorte.

Städte und Ballungszentren mit ihrem gewaltigen Menschen- und somit Konfliktpotential, in jeglicher Krisenlage äußerst gefährdet, sind der schlechteste Aufenthaltsort für Sie und Ihre Familie.

Manche Krise wird sich mittelfristig ankündigen, manche wird überraschend über Sie hereinbrechen. Nicht immer werden Sie sofort reagieren können, letztlich bleibt es jedem Einzelnen überlassen, wieweit er Eigenverantwortung nimmt oder sie in fremde Hände delegiert.

Auch hier gilt: Die gedankliche und organisatorische Vorbereitung auf den Krisenfall kann Gesundheit, im Extremfall Leben retten.

Einige Grundregeln:

- Sprechen Sie mit Verwandten und Freunden über die Problematik eines Krisenfalls. Seien Sie gleich gewarnt, einige werden sich abwenden und Sie als ›Spinner‹ bezeichnen.
- Vereinbaren Sie den organisatorischen Rahmen für den Fall der Fälle.
- Legen Sie unter Umständen am Zielort ein Nahrungsmitteldepot an.
- Zu Ihrem Notgepäck sollten auch Karten gehören, die alternative Wege zu Ihrem ausgewählten Ziel zeigen. Verlassen Sie sich nicht allein auf Ihr Auto!
- Wählen Sie das Notgepäck so aus, daß Sie es bequem auch über längere Zeit hinweg tragen können. Stimmen Sie das Gepäck innerhalb der Familie ab.
- Der Ort und die Umgebung Ihres Ziels sind die Schlüssel für den Inhalt Ihres Notgepäcks.
- Haben Sie im Auto noch genügend Platz für ›Überflüssiges‹, der Raum in Ihrem Rucksack ist eng bemessen. Entsprechend funktional muß das Notgepäck zusammengestellt sein. Packen Sie einmal zur Probe, und legen Sie erst danach fest, was Sie mitnehmen!
- Bedenken Sie, daß unter Umständen die Telefone nicht mehr funktionieren, die GPS-Satelliten abgeschaltet und Ihre Batterien überlagert sein können.

◆ **Prüfen Sie Ihre Vorbereitungen!**

7.
Gesundheit

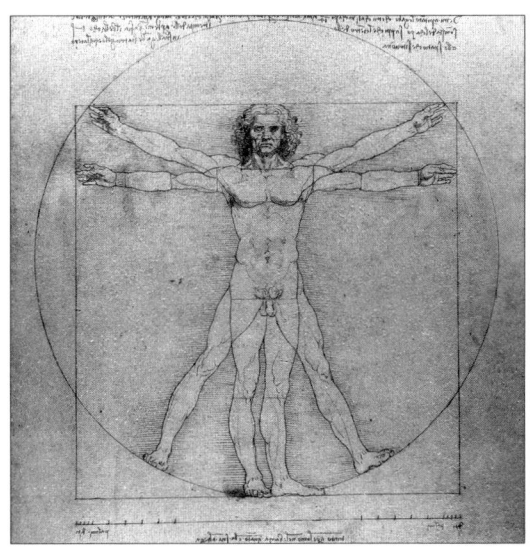

Wir leben weder in einer friedlichen noch in einer heilen Welt.
Bei der derzeitigen Lage von Politik und Staatsfinanzen verhallen selbst Appelle von Experten ungehört. Bei einer realistischen Sicht der Dinge liegt die Initiative beim Bürger, und tatsächlich kann er/muß er in vielen Dingen vorbeugen.

Totalen Schutz gibt es nicht, doch man kann etwas dafür tun.

Aus Kostengründen wurde die Bevorratung mit Sanitätsmaterial für die medizinische Notfallvorsorge seit Mitte der neunziger Jahre durch die Bundesregierungen abgeschafft.

Als Begründung wurde der Wegfall der äußeren Bedrohung mit dem Ende des Kalten Krieges angeführt.

Der Wegfall der Sanitätsmittelbevorratung wird aber nicht durch andere Vorsorgemaßnahmen aufgefangen, das heißt, in Deutschland fehlen medizinische Notfallvorräte:

- für Großschadensereignisse und Katastrophen,
- für standardisierte Ausstattung für den Rettungsdienst,
- für Sanitätsdienst des Zivil- und Katastrophenschutzes,
- an Antidota[39] und bei Massenvergiftungen.[40]

Auf Kritik entgegneten die Behörden wiederholt mit dem Argument, daß große Vorräte bei der Industrie, den Händlern und Apotheken vorhanden seien.

Für überregionale und langandauernde Katastrophenfälle oder für den Zivilschutz existieren jedoch keine ausreichenden Vorräte!

Der Bedarf an Arzneimitteln und medizinischen Produkten für den Zivilschutz kann weder kurzfristig noch innerhalb eines Jahres zusätzlich produziert und bereitgestellt werden. Wiederholt wurde auch in der Presse darauf hingewiesen, daß bei bestimmten Blutplasmapräparaten und Impfstoffen schon unter normalen Bedingungen erhebliche Versorgungsschwierigkeiten bestehen.

Sicher spielen in der öffentlichen Darstellung die einseitigen Interessen der Pharmaindustrie eine Rolle, die Defizite in der Notfallvorsorge sind jedoch offensichtlich.

---

[39] Übersichtliche Darstellung der Gifte und der Gegenmittel http://rettungsdienst.bdsoft.de/index.htm?/rettungsdienst/medikamente/antidota.html
[40] Übernommen aus einer Stellungnahme der Deutschen Gesellschaft für Katastrophenmedizin e.V.

Selbst wenn man nicht von großflächigen Notfallsituationen ausgeht – wie schnell rutscht einmal eine Axt aus, und wenn dann kein Arzt erreichbar ist...

Haben Sie dann das richtige Verbandmaterial?
Können Sie überhaupt eine Wunde versorgen?
Ihre private Initiative ist dringend gefordert.
Unser Leben und unsere Gesundheit sind unser höchstes Gut.

◆ **Prüfen Sie Ihre Vorbereitungen!**

A. Hygiene

Die täglichen Hygienerituale gehören zu unserem Leben, ›man fühlt sich sauber‹. Sie schaffen nicht nur Wohlbehagen, sie dienen auch der Gesundheit.

Doch was ist, wenn die Möglichkeiten zur bequemen täglichen Pflege eingeschränkt oder nahezu ausgeschlossen sind?

Auch unter erschwerten Bedingungen muß Körperpflege betrieben werden! Wer schwitzt, muß das Salz von der Haut waschen, sonst fängt er bald an zu frieren. Verschmutzte Haut bietet Infektionen und Parasiten den Nährboden.

Seife, Waschmittel, Zahnpasta und Spülmittel gehören daher auch in einen Notvorrat.

Bei der Planung der Wasservorräte muß dies berücksichtigt werden, unter Umständen auch die behelfsmäßige Spülung der Toiletten (Chemietoilette).

Tips für die Vorratshaltung:

- Seife – Denken Sie ruhig an die gute alte Kernseife!
- Zahnpasta
- Spülmittel
- Waschmittel
- Gummi- oder Haushaltshandschuhe sparen Waschwasser für die Hände und schützen vor Infektion oder Verätzung
- Müllbeutel – Abfallbeseitigung

In Katastrophen- und Notzeiten sollten alle größeren verfügbaren Gefäße, einschließlich Badewannen und Waschbecken, mit Wasser gefüllt werden.

Auch hier gilt sparsamer Umgang mit Trinkwasser!

Bevorratetes Wasser kann durch Zusatz der im Handel erhältlichen Entkeimungsmittel über einen längeren Zeitraum lagerfähig gemacht werden.

◆ **Prüfen Sie Ihre Vorbereitungen!**

B. Medizinische Versorgung

Grundsätzliche Probleme: Pharmaindustrie – natürliche Heilmittel – Homöopathie

Die medizinische Versorgung befindet sich in Deutschland noch auf einem hohen Niveau. Trotzdem ist seit einigen Jahren eine Verschärfung auf verschiedenen Gebieten der Gesundheitsvorsorge und -versorgung zu beobachten. Zunehmender Ärztemangel in ländlichen Regionen und restriktivere Medikamentenverschreibungen bis hin zur Ablehnung sind nur äußere Zeichen für die Krise im Gesundheitssystem. Die Bemühungen der Politik zur Kostenreduzierung der medizinischen Versorgung sind offensichtlich untauglich, falls sie nicht ohnehin in Absprache mit der Pharmaindustrie zum Abschöpfen des Patienten gedacht sind.[41] Das Wort ›Gesundheitsreform‹ hat sich zum Schreckenswort für Arzt und Patient entwickelt. Bedenklich muß stimmen, daß teilweise über Jahrhunderte bewährte Naturheilmittel einer Zulassungspflicht unterworfen wurden. Ideen und Produkte, die staatliche Monopole oder dem Staat nahestehende Monopole bedrohen, werden zu Tode reguliert.[42] Der Staat zieht Verantwortung an sich, um zu regulieren und letztendlich zu verbieten.

Zwei Beispiele

Alternative Energiemodelle werden seit vielen Jahren von einem Gutachter im Kernforschungszentrum Jülich begutachtet. Es wurde bislang keines befürwortet.[43]

Über alternative Heilpflanzen wurde noch in den neunziger Jahren viel geschrieben, es hatte den Anschein, als wäre eine ganze Branche im Aufbruch. Die Heilkräuter aus dem Reservat im Regenwald sollten die Krankheiten der westlichen Zivilisationen heilen.

»2200 Jahre alte ›Aids-Arznei‹« entdeckt, so lautete eine Schlagzeile am 28. Oktober 1993 in der *Frankfurter Rundschau* und lieferte gleich

---

[41] Im Jahre 2007 sind die Arzneimittelkosten nach Angaben des Apotherkerverbandes um durchschnittlich 8 Prozent gestiegen.

[42] Die Weigerung Ex-Bundeskanzler Helmut Kohls, seine Finanziers in der Spendenaffäre zu nennen, wirft ein bezeichnendes Licht auf unsere Demokratie und das Demokratieverständnis unserer Politiker. Es gibt deutliche Hinweise, daß die Pharmaindustrie den früheren Ministerpräsidenten von Rheinland-Pfalz finanziell unterstützt hat. Zum Demokratieverständnis von Politikern siehe auch der aktuelle Fall von Ex-Bundesinnenminister Otto Schilly. Was auf sein Betreiben hin für alle gelten soll, interessiert ihn persönlich noch lange nicht!

[43] Gottfried Hielscher, *Energie im Überfluß*, Hameln 1982.

> 28. 10. 93 FR
> # 2200 Jahre alte „Aids-Arznei"
> ## Chinesisches Präparat bestand Tests für den US-Markt
>
> HONGKONG, 27. Oktober (epd). Als erstes chinesisches Medikament soll im kommenden Jahr ein Anti-Aids-Präparat [...] nehmlich angewandten Anti-Aids-Mittel AZT wirke Trichosanthin selektiv auf von dem Aids-Erreger befallene Zell[en]

auch noch die Nachricht über die Zulassung auf dem amerikanischen Markt.

Frankfurter Rundschau vom 28. 10. 1993.

Da gab es auch eine ›Pille danach‹, ein pflanzliches Verhütungsmittel von der chinesischen Insel Ping Chau.[44] Einheimischen Ärzten war die Wirkung seit langer Zeit bekannt.

Die Liste ließe sich beliebig fortsetzen, nur brechen die Informationen über dieses hoffnungsvolle Gebiet plötzlich ab. Gegen den Protest der Länder der Dritten Welt und unterstützt von Umweltschützern, versuchten amerikanische Pharmakonzerne, natürliche Heilmittel aus diesen Ländern im Labor zu synthetisieren und dann zu patentieren.

Man hört nichts mehr darüber, sondern nur noch vom Boom der Gentechnologie.

Unbemerkt von der Öffentlichkeit, findet nun seit mehreren Jahren das sukzessive Verbot von natürlichen Heilmitteln statt. Unter der Überschrift »Ende der Schonzeit für pflanzliche Arzneien« titelte die *Frankfurter Allgemeine Zeitung* am 24. Oktober 2007. Die Forderung des Bundesinstituts für Arzneimittel und Medizinprodukte nach Nachweis auf Wechselwirkungen mit anderen Medikamenten bedeutet für viele Hersteller das Aus. Die reine Kostenfrage entscheidet hier über die wirtschaftliche Existenz und das Wohl des Patienten. In wessen Interesse oder womöglich Auftrag ist man hier aktiv?

Die Hausapotheke – Tips für die Notfallvorsorge

Nahezu jeder Haushalt hat heutzutage eine kleine Hausapotheke. Bei manchen ist es eine Schublade, gefüllt mit verschiedenen Medikamen-

---

[44] *Frankfurter Rundschau* vom 24. Juni 1992.

Es gibt auch nicht wenige, die sich darauf verlassen, bei auftretenden Befindlichkeitsstörungen oder Schmerzen sich entsprechende Arzneimittel schnell, problemlos und jederzeit in der Apotheke zu besorgen. Und im Ernstfall?

ten, vielleicht noch eine Packung Pflaster dazu, bei anderen ist es ein gut sortiertes Apothekerschränkchen, insbesondere, wenn Kinder im Hause sind.

In beiden Haushalten wird man jedoch eine ganze Reihe bereits abgelaufener Medikamente und angebrochener Packungen finden, die längst in den Haus- oder Sondermüll gehören. Unter Umständen sind diese Medikamente wirkungslos, teilweise sogar gefährlich.

In beiden Fällen wird jedoch das fehlen, was man für einen echten Notfall braucht.

Grundsätzlich ist auch die Orientierung am Kfz-Verbandskasten sinnvoll.

Allgemeine Ratschläge für die Hausapotheke

- Bewahren Sie Ihre Hausapotheke an einem kühlen, vor Licht und Feuchtigkeit geschützten Ort (z. B. im Schlafzimmer) auf! Bad und Küche eignen sich nicht.
- Halten Sie Medikamente außerhalb der Reichweite von Kindern und Haustieren! Eine abschließbare Hausapotheke ist zu empfehlen.
- Medikamente niemals herumliegen lassen, auch nicht an einem Krankenbett!
- Medikamente nie achtlos in den Mülleimer werfen!
- Überprüfen Sie Ihre Hausapotheke zweimal im Jahr, am besten vor Eintritt der kalten Jahreszeit und vor den Sommerferien!
- Achten Sie darauf, daß diejenigen Dinge, die Sie für den Notfall brauchen, vollständig vorhanden sind!
- Beseitigen Sie alle Medikamente, denen das Etikett oder die Gebrauchsanweisung fehlt!
- Vermerken Sie auf jedem Arzneimittel das Einkaufsdatum!
- Beachten Sie Aufbewahrungsvorschriften und Haltbarkeitshinweise des Herstellers!
- Augentropfen sind nach Anbruch nur vier Wochen haltbar.
- Befolgen Sie jede Einnahmevorschrift genauestens! Nach dem Motto: Mehr Medikamente machen nicht schneller gesund.
- Schmerz-, Beruhigungs- und Abführmittel sollten nicht über einen längeren Zeitraum (wenn vom Arzt nicht anders verordnet wird, nicht länger als eine Woche) eingenommen werden; sonst besteht die Gefahr der Abhängigkeit.

- Nehmen Sie kein Arzneimittel, das jemand anderem verschrieben wurde!
- Grundsätzlich: Nehmen Sie kein neues Medikament, selbst ein rezeptfreies Präparat, ein, ohne Ihren Arzt bzw. Heilpraktiker zuvor konsultiert zu haben!
- Verwenden Sie keine Arzneimittelreste, die von früheren Verschreibungen Ihres Arztes zurückgeblieben sind, auf Grund einer selbsterstellten ›Diagnose‹!
- Nehmen Sie Medikamente niemals im Dunkeln ein, da Verwechslungsgefahr!
- Immer beachten! Schmerzen sind Reaktionen des Körpers, sind manchmal – wie bei Kopf-, Gelenk- oder Bauchschmerzen – auf momentane Überbelastung zurückzuführen und können daher ohne Medikamente von selbst vergehen.
- Unbedingt beachten! Alkohol verstärkt die Wirkung von Analgetika (schmerzstillenden Medikamenten); es kann zu gefährlichen Nebenwirkungen kommen. Bei Rauchern ist die Wirkung dagegen erheblich eingeschränkt, etwa um das Vierfache.
- Bei vielen Befindlichkeitsstörungen helfen bewährte Naturheilmittel (siehe Näheres in diesem Kapitel). Selbsttherapie hat auch ihre Grenzen. Sind die Beschwerden nach drei Tagen nicht verschwunden, ist ein Arztbesuch erforderlich. Es gilt dann, die *Ursache* der Schmerzen zu finden, und nicht die Symptome zu unterdrücken. Das gilt übrigens auch bei anhaltenden Schmerzen trotz längerer Tabletteneinnahme oder wenn die Schmerzen oder Beschwerden wieder auftreten, nachdem die Anwendung abgesetzt worden ist.
- Bewahren Sie Putz- und Reinigungsmittel, wie Fleckenwasser, Salmiakgeist, Säuren, Terpentinöl u.ä., nicht in Ihrer Hausapotheke auf!
- Kleben Sie Telefonnummer und Adresse Ihres Hausarztes, Ihrer Apotheke und des Deutschen Roten Kreuzes (Krankentransport) auf die Innenseite Ihrer Hausapotheke!
- In allen Fragen der Anwendung, Aufbewahrung und Überprüfung auf Verwendbarkeit und der eventuellen Beseitigung von Medikamenten berät Sie Ihr Apotheker!

Siehe:
Merkblatt für die Hausapotheke
© 2004 Deutscher Apotheker Verlag Stuttgart

Die optimale Hausapotheke

Sie besteht aus technischen Hilfsmitteln für die Krankenpflege, Erste Hilfe-Material, Medikamenten und Naturheilmitteln zur Selbstbehandlung.

➢ **Technische Hilfsmittel für die Krankenpflege**
- Rettungsdecke
- Dreieckstuch
- Augenklappe
- Verbandschere
- Verbandpäckchen groß
- Verbandpäckchen klein
- 2x Mullbinden, 10 cm breit
- 2x Mullbinden, 4 cm breit
- Zellstoff zur Polsterung
- Brandwundenpäckchen, Brandgaze (Sofratüll, Urgotüll)
- 1x Idealbinde, 2,5 cm
- Heftpflaster, 4,5 cm
- Pflasterwundverband, 6 cm breit
- Paket Sicherheitsnadeln
- 2x Einweg Handschuhe
- Lein- und Wolltücher für Wickel und Auflagen
- wasserdichte Kunststoffunterlage für feuchte Umschläge
- Fieberthermometer
- Pinzette
- Auffüllpacks mit Verbrauchsmaterial sind im Handel erhältlich.

➢ **Zusätzliche Medikamente:**

Neben den verordneten Medikamenten zur Behandlung akuter oder chronischer Krankheiten sind folgende Arzneimittel für den Ernstfall sinnvoll:
- Kohletabletten (N2/N3, Immodium) + Abführmittel
- Breitbandantibiotikum (Beratung durch den Arzt oder Apotheker)
- Schmerzmittel (ASS-Tabletten 500 mg und Paracetamol, Voltaren, Diclofenac, Aspirin)
- Wunddesinfektionsmittel (medizinischer Alkohol, Neo-Ballistol

– das chemisch hochreine Waffenöl ist ein hervorragendes Desinfektionsmittel, o.ä.)
- Wund-/Heilsalben (Nebacetin)
- Fußpuder
- Canesten gegen Pilzerkrankungen der Haut
- Schachtel Jod-Tabletten 200 mg zur Jodblockade der Schilddrüse (je Person)
- Augentropfen gegen Reizungen
- Augensalbe zur Soforthilfe bei Verätzungen.

Medizinisch ausgebildete Personen, Sanitäter u. a. werden sicherlich eine erweiterte Notfallvorsorge treffen, ebenso kranke Personen mit besonderem Medikamentenbedarf.

Bei Bedarf von speziellen Medikamenten für den persönlichen Bedarf (Zucker, Allergien, Blutdruckmittel usw.) sollte auf jeden Fall immer ein größerer Vorrat für etwa 3 Monate vorhanden sein. Befinden sich pflegebedürftige Personen im Haushalt, kommen weitere Pflegemittel hinzu.

◆ **Prüfen Sie Ihre Vorbereitungen!**

➢ **Impfungen**

Das Thema Impfen wird immer wieder sehr kontrovers diskutiert. Einige Krankheiten sind heute ausgestorben, zum Beispiel Pocken, oder in unseren Regionen nur schwer vorstellbar, zum Beispiel Cholera. Gleichzeitig beklagen Ärzte eine gefährliche Impfmüdigkeit. Klagen sie, weil sie nichts verdienen, oder klagen sie berechtigt?

Sehr kompetente Ratgeber sind zweifellos die deutschen Tropeninstitute. Allerdings wollen wir nicht in die Tropen in den Urlaub fliegen, sondern uns in heimischen Gebieten schützen.

Ein Muß ist die Tetanus-Impfung. Der Erreger gelangt mit Erde und verschmutztem Wasser in frische Wunden und kann bei nicht rechtzeitiger Behandlung tödliche Folgen verursachen. Nach einmaliger Auffrischung hält die Tetanus-Impfung 10 Jahre. Fragen Sie Ihren Hausarzt! Unbedingt zu empfehlen ist außerdem eine Hepatitis A-B-Schutzimpfung, auch in unseren Breiten.

Ob eine Masern-Impfung für Kinder angebracht ist, muß jeder innerhalb der Familie entscheiden.

Für Typhus und Cholera gibt es Impfstoffe, die aber wegen der kurzfristigen Wirkung nur im Ernstfall angewendet werden sollten.

C. Erste Hilfe-Maßnahmen

Die hier aufgeführten Grundregeln sind für den Notfall und können lebenswichtig sein.[45]

Sie setzen jedoch Übung voraus, die nur wenige haben werden.

Dringend zu empfehlen ist deshalb die regelmäßige Auffrischung in einem Erste-Hilfe-Kurs beim Deutschen Roten Kreuz oder bei anderen Anbietern, wo man lebenswichtige Techniken wie das Transportieren eines Verletzten, die ABC-Regel, die Beatmung, die sogenannte stabile Seitenlage und die Herzmassage erlernen und üben kann.

Einer Umfrage zufolge beträgt der Abstand zum ersten Erste Hilfe-Kurs durchschnittlich 16 Jahre!

Der Notfall muß nicht die große Katastrophe sein, es kann aber schon morgen die Hilfe bei einem Verkehrsunfall sein.

Erste-Hilfe heißt Leben retten, steht am Anfang der Rettungskette. Zu den Grundregeln der Ersten Hilfe gehören:
- Atmung und Pulsschlag/Herztöne zu prüfen,
- Blutungen zu stoppen,
- einen eventuellen Schockzustand zu behandeln,
- Ruhe zu vermitteln und den Patienten ernst zu nehmen.

➢ Herz-Kreislauf-Stillstand

Anzeichen eines Herz-Kreislauf-Stillstandes sind Bewußtlosigkeit, Atemstillstand (nicht hörbare Atmung), ein nicht tastbarer Puls, eine blaßgraue Gesichtshaut, blaue Lippen, weite Pupillen.

Die Wiederbelebung erfolgt nach dem sogenannten *ABC-Schema*: A = Atemwege freimachen und freihalten; B = Beatmung; C = Circulation (Kreislauf) wiederherstellen.

A = Atemwege freimachen und freihalten: alles aus dem Mund entfernen, was die Atemwege blockieren könnte: Erbrochenes, Speisereste, abgebrochene Zahnteile, Prothesen und bei Kleinkindern Spielzeugteile.

B = Beatmung: Wenn ausgebildete Hilfs- und Fachkräfte mit Sauerstoff noch nicht anwesend sind, fällt der Atemspende des Ersthelfers die entscheidende Rolle zu. Wegen Ansteckungsgefahr von HIV, Hepatitis usw. ist die Mund-zu-Mund-Beatmung inzwischen umstritten. Einen sinnvollen Schutz bietet jedoch die Verwendung eines Atemtubus mit Schutzventil (Beatmungsgerät). Auch ein so-

---

[45] Siehe auch http://www.drk.de/erstehilfe/

genannter ›Life-Keys (Beatmungsfolie mit Einwegeventil), die zusammengefaltet etwa in einen Schlüsselanhänger untergebracht werden kann, bietet eine sinnvolle Alternative.

Mund-zu-Mund-Beatmung:

Die eine Hand unter den Nacken des Patienten legen und anheben, damit der Kopf nach hinten zurückgehalten wird. Legen Sie die andere Hand auf die Stirn des Patienten und halten Sie beide Nasenöffnungen mit einem Finger zu.

Legen Sie den Mund auf den geöffneten Mund des Bewußtlosen, und blasen Sie die Ausatmungsluft ein.

Warten Sie die passive Ausatmung des Bewußtlosen (Senkung des Brustkorbs) ab.

Wiederholen Sie diese Schritte (10 bis 12 Atemspenden pro Minute) so lange, bis Hilfe kommt oder bis die Person wieder anfängt, selbständig zu atmen.

Mund-zu-Nase-Beatmung:

Halten Sie den Kopf zurück, und drücken Sie mit der einen Hand den Unterkiefer nach oben, um den Mund fest zu verschließen. Die andere Hand liegt auf der Stirn des Patienten.

Umschließen Sie mit den Lippen die Nasenöffnung des Patienten.

Blasen Sie zweimal kräftig mit einer kurzen Pause – langsam, aber bestimmt. Der Brustkorb des Patienten muß einsinken (passive Ausatmung).

Bei Widerstand den Kopf weiter zurücknehmen.

Wiederholen Sie diese Schritte (10 bis 12 Atemspenden pro Minu-

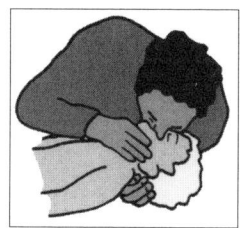

Für alle, die Angst und Hemmungen haben: Die Rettung menschlichen Lebens hat immer Vorrang vor sekundären Schäden durch Ersthelfer.

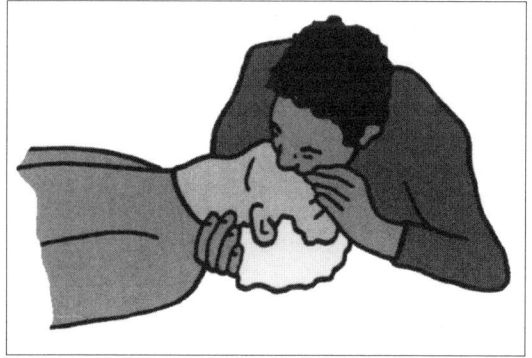 

Mund-zu-Mund-Beatmung. Atemspende ist ein Wettlauf mit der Zeit. Oben: Beatmung bei Kindern.

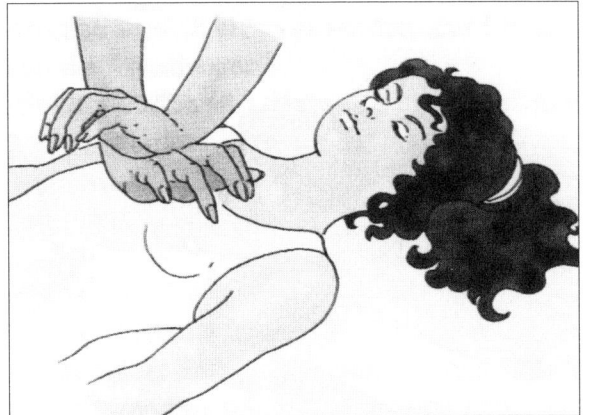 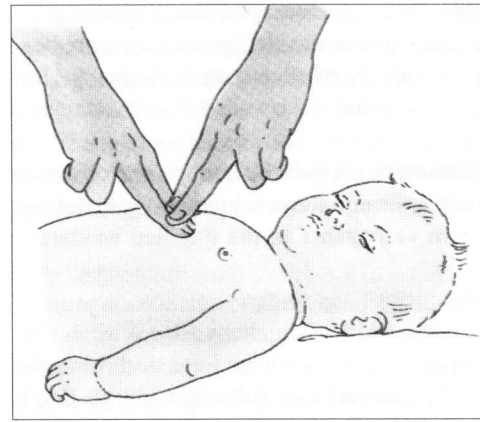

Herzdruckmassage, *links* bei einer erwachsenen Person, *rechts* bei einem Säugling oder Kleinkind.

te, bei Kindern 20)) so lange, bis Hilfe kommt oder bis die Person wieder anfängt, selbständig zu atmen.

C = Circulation (Kreislauf) wiederherstellen:

Ohne äußere Herzdruckmassage ist keine Wiederbelebung möglich.

Den Patienten auf eine harte Unterlage, flach auf den Rücken legen und daneben niederknien. Beine des Bewußtlosen werden hochgelagert, beengende Kleider befreit.

Beide Hände übereinander auf das Brustbein legen (Brustkorbmitte, wo die geschlossenen Rippen aufhören) und es im Sekundentakt runterdrücken, dann loslassen.

Nach 15 Druckmassagen zwei Atemspenden durchführen. Vorgang wiederholen, bis der Pulsschlag bzw. die Atmung wieder einsetzt.

Kinder benötigen 100 Druckmassagen, Säuglinge 120 pro Minute. Allerdings ist der jeweils ausgeübte Druck auf das Brustbein geringer. Die eine Hand wird hinter den Rücken gelegt; bei Kindern erfolgt die Kompression mit dem Handballen, bei Säuglingen mit dem Zeige- und Mittelfinger der anderen Hand.

> **Atemnot, Atemstillstand**

Eindeutige Erkennungszeichen sind blaßgraue Gesichtshaut, blaue Lippen, weite Pupillen, kaum wahrnehmbare Atmung, mitunter Bewußtlosigkeit.

Person auf den Rücken und flach auf den Boden legen (›Kopf in den Nacken‹).

Biegen Sie den Kopf leicht zurück. Halten Sie mit der einen Hand die Stirn, und heben Sie mit der anderen Hand das Kinn, indem Sie mit den Fingerspitzen die Kieferknochen halten. Dies dient dazu, daß die Zunge nicht die Luftwege verlegt.

Prüfen Sie, ob die Person atmet: Schauen Sie auf den Brustkorb, und achten Sie darauf, ob er sich hebt. Legen Sie Ihre Wange direkt vor den Mund der Person, und fühlen Sie, ob sie atmet. Legen Sie Ihre Ohren an den Mund der Person, und hören Sie, ob sie atmet.

Wenn die Person atmet, halten Sie deren Kopf wie beschrieben, und zwar so lange, bis ärztliche Hilfe kommt.

Wenn die Person nicht atmet, beginnen Sie umgehend mit der künstlichen Beatmung (›Mund-zu-Nase- oder Mund-zu-Mund-Beatmung‹)

➢ **Schockbehandlung**

›Schock‹ bedeutet, daß der Blutfluß innerhalb des Körpers gestört ist, so daß wichtige Organe nicht mehr richtig mit Sauerstoff versorgt werden. Ursache können starker Blutverlust, Flüssigkeitsmangel oder schlagartige psychische Belastung sein. Unbehandelt kann ein Schockzustand tödlich enden.

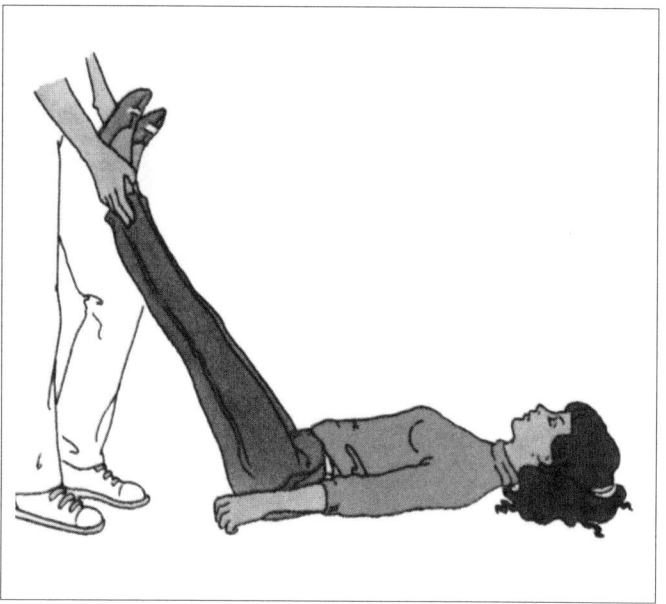

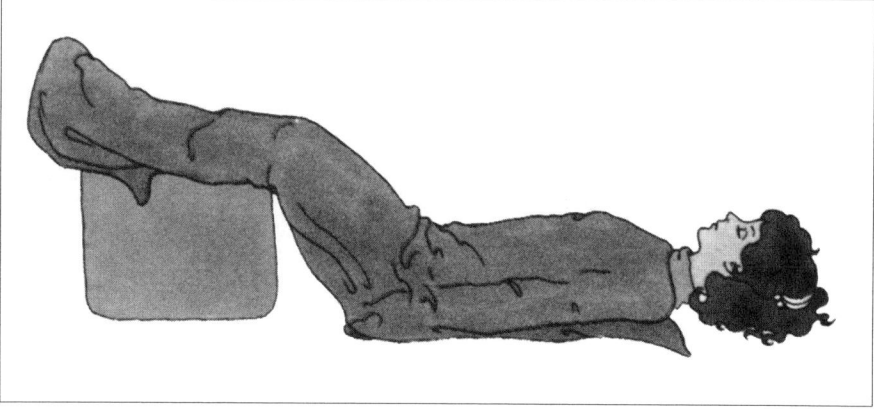

Oben: Taschenmesserlage.
Unten: Lagerung beim Schock.

Legen Sie den Patienten auf den Rücken, und heben Sie seine Beine fast senkrecht empor (sog. Taschenmesserlage), damit das Blut aus den Beinen zurück zu den lebenswichtigen Organen zurückfließen kann. Dann werden die Unterschenkel auf einem Stuhl oder einer vergleichbaren Unterlage hochgelagert.

Halten Sie die Körpertemperatur des Patienten konstant. Bei niedriger Außentemperatur halten Sie ihn warm, bei Hitze legen Sie ihn in den Schatten.

Gefahr von Dehydrierung beachten!

Wasser (leicht gesalzen) oder gesalzene Bouillons helfen bei der Überwindung des Schockzustandes.

Die Phasen der stabilen Seitenlage, die dafür sorgt, daß der Patient nicht erstickt.

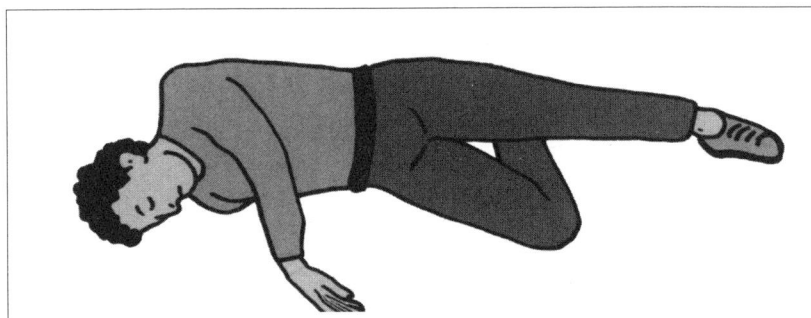

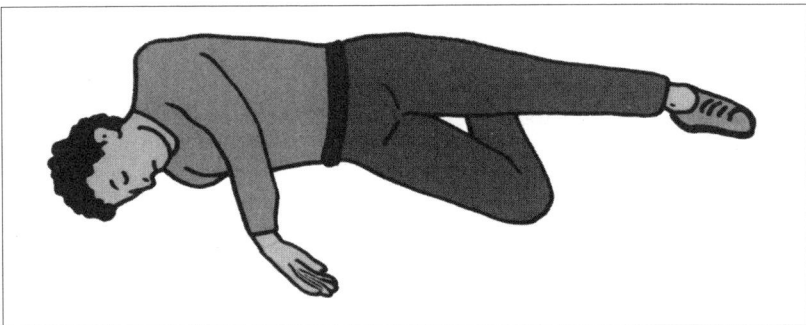

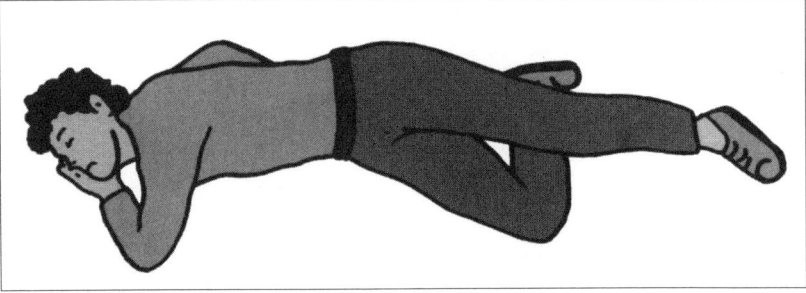

➢ **Stabile Seitenlage**

Bei kurzzeitigem Verlassen eines schwerverletzten oder ohnmächtigen Patienten sollte dieser in die ›stabile Seitenlage‹ gebracht werden. Dies verhindert, daß er durch die nach hinten gerutschte Zunge oder Zahnprothese an eigenem Erbrochenem oder Blut erstickt. Deshalb sollte man allem voran überprüfen, ob die Atemwege frei sind. Die Technik der ›stabilen Seitenlage‹ sollte immer wieder geübt werden:

– neben den Patienten knien und ihn auf den Rücken legen, das nahe liegende Bein anwinkeln, den Hüftbereich leicht anheben und die ›nahe‹ Hand unter das Gesäß schieben;

– den Patienten an der ›fernen‹ Schulter und Hüfte anfassen und zu sich, auf die Seite des angewinkelten Beines, herumdrehen; darauf achten, daß der Patient dabei nicht auf den Bauch fällt;

– den Kopf des Patienten nach hinten legen, den vorderen Arm anwinkeln und die Hand (den flachen Handrücken) unter die Wange schieben.

➢ **Offene Wunden**

Falls möglich, die betroffene Stelle desinfizieren (nicht säubern!) und mit einer Kompresse abbinden.

Nach 30 Minuten die Kompresse lösen und überprüfen, ob die Blutung gestoppt hat.

Unter Umständen die Wunde nähen (steriler Faden und Nadel) und stark verbinden.

Biß- und Rißwunden nicht nähen – statt dessen Druckverband anbringen.

Die Beine etwas hochlegen oder die Knie anwinkeln, um der Gefahr eines Schocks entgegenzuwirken.

Bei tiefen Wunden in der Nähe von Gelenken die betreffende Gliedmaße ruhigstellen wie bei einem Knochenbruch.

Offene Wunden im Oberleibsbereich: freiliegende Organe nicht mit unsterilem Material oder Händen in Kontakt bringen.

Sollte sich ein Fremdkörper im Unterleib befinden, nicht versuchen, ihn zu entfernen – statt dessen den kompletten Unterleib einschließlich des Fremdkörpers bandagieren.

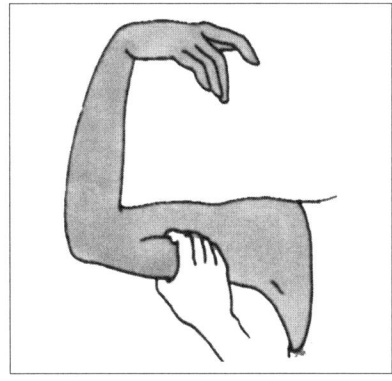

Abdrücken der Armschlagader.

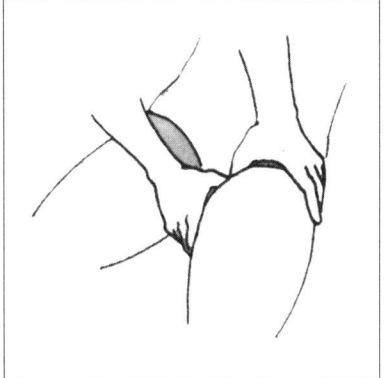

Abdrücken der Beinschlagader.

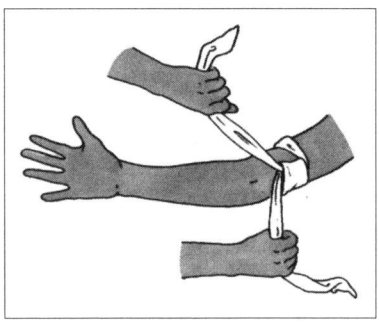

Abbindung am Arm.

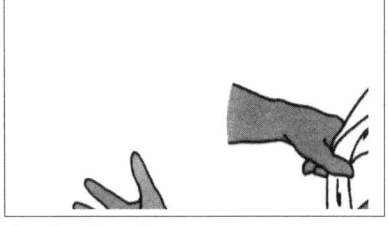

Druckverband.

➢ **Blutungen**

Es ist zu unterscheiden zwischen venösen und arteriellen Blutungen. Im ersterem Fall schießt hellrotes Blut bei jedem Pulsschlag aus der Wunde; im zweiten fließt dunkelrotes Blut gleichmäßig aus der Wunde.

Bei arteriellen (Schlagader-) Blutungen am Arm und Bein die betreffende Arterie zwischen Herz und Blutungsstelle abdrücken und, nur wenn nötig, abbinden; bei Blutungen am Hals oder Rumpf mit der Faust auf die Blutungsstelle drücken.

Liegt eine venöse Blutung vor, dann reicht ein Druckverband: Auf die Wunde kommt ein Verband, darüber eine sterile Kompresse mit Zellstoff als Polsterung. Das Ganze wird mit einer Binde befestigt. Sollte dieser Verband durchbluten, dann kommt eine weitere Kompresse, die mit Hilfe der Binde straffer fixiert wird.

➢ **Biene-, Wespen-, Hornissenstich**

Calcium forte 500 mg (Brausetabletten in jeder Notfallapotheke).

Zur Neutralisierung des Giftes sind auch Essig, Zitronensaft oder Zwiebelscheiben geeignet. Eisbeutel lindern den Juckreiz. Dies betrifft auch Hornissen, deren Stich nicht gefährlicher ist als der von Wespen!

Stachel, falls sichtbar, vorsichtig mit einer Pinzette entfernen, und zwar in Längsrichtung des Stachels.

Bei Stichen im Mund- und Halsbereich sofort den Arzt rufen, da Erstickungsgefahr besteht. Bis der Arzt eintrifft, mit Salzwasser gurgeln und eiskalte Getränke schluckweise zu sich nehmen.

Bei bekannten Insektenstichallergien unbedingt Notfallset in Reichweite halten, denn lebensbedrohende Komplikationen sind möglich.

➢ **Knochenbruch**

Anzeichen sind Schmerzen und eine Schwellung an der mutmaßlichen Bruchstelle, Bewegungsunfähigkeit und eine abnorme Stellung der Gliedmaße.

Sollte ein Abtransport zur ärztlichen Versorgung nicht sofort möglich sein: Stabilisierung der Gliedmaße (Schienung) mit einem oder zwei geraden Stöcken/Ästen, die mittels Binden, Tüchern oder vergleichbarem Material fixiert werden.

Nicht versuchen, bei einem offenen Knochenbruch den heraustretenden Knochen zurückzuschieben! Ebenso, einen gebrochenen Knochen zu bewegen! Auf absolute Ruhigstellung kommt es an.

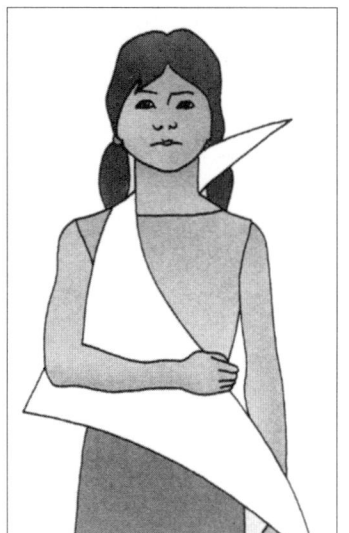

Ruhigstellung des Armes als Erste Hilfe mit und ohne Schiene.

Die Ruhigstellung eines gebrochenen Beines, bis ärztliche Hilfe eintrifft.

Gesundheit

Was kann der Ersthelfer tun, bis eine medizinische Versorgung erfolgt?

Arm- und Handbruch: Arm ruhigstellen mit Armtragtuch oder gepolsterte Armschiene (siehe Abbildung). Bei gebrochener Hand empfiehlt sich ein sogenannter Krawattenverband (Dreieckstuch) oder eine Bandage mit einer elastischen Binde. Gebrochene Finger brauchen nur ruhiggestellt zu werden.

Knöchel- und Fußbruch: Schuh nicht ausziehen, sondern nur lockern, notfalls Schuh aufschneiden und eine Schienung wie bei einem Unterschenkelbruch vornehmen. Nicht auf eine mögliche Verstauchung und Prellung vertrauen und auftreten!

Unterschenkelbruch: Verletzten ruhig lagern, doppelte Schienung (innen und außen bis zur Hüfthöhe) des Unterschenkels mit Stöcken, Besenstiel oder Holzleisten anfertigen, mit Zellstoff oder Watte gut polstern und mit Bandagen (wenn nicht vorhanden, Gürteln, Krawatten, Wäschestücken und dergleichen) befestigen.

Oberschenkelbruch: Verletzten ruhig lagern, dreifache Schienung (siehe Unterschenkelbruch) anfertigen: erste außen vom Fußrand bis zur Achselhöhle, zweite innen vom Fußrand bis zum Schritt, dritte von der Zehenspitze bis zur Ferse und dann bis zum Gesäß (siehe Abbildung).

Schlüsselbeinbruch: Armtragetuch herstellen und Polster in Höhe der Achselhöhle schieben.

Rippenbruch: Verletzten ruhig lagern und beengende Kleider entfernen.

Schädelbruch: Verletzten ruhig und stabil lagern. Keine Flüssigkeit verabreichen. Bei möglichen Schädelverletzungen eventuell angelegte Schutzhelme nicht selbst entfernen!

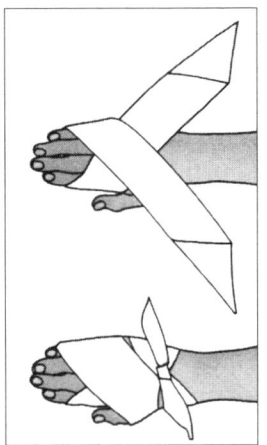

Ein sogenannter Krawattenverband.

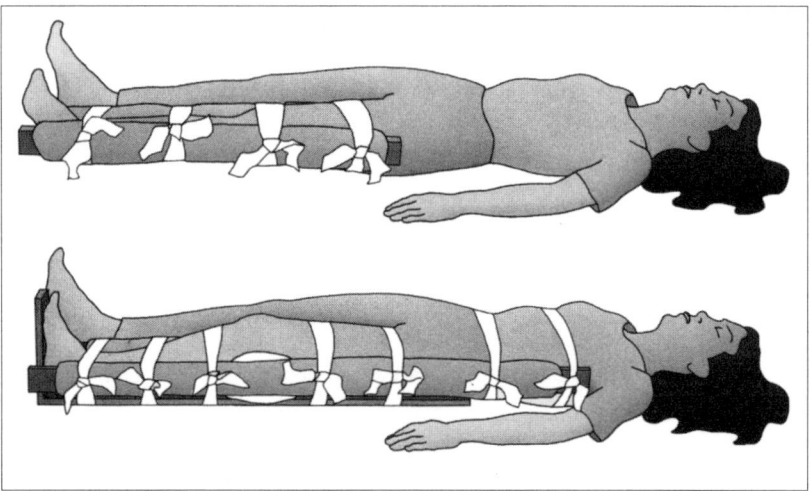

Schienung bei Unterschenkel- und Oberschenkelbruch.

> **Wunden**

Grundsätzlich sollten Wunden außer bei Verbrennungen und Verätzungen nicht ausgewaschen werden, damit keine Krankheitserreger über das Wasser in die Wunde gelangen können. Spritzt das Blut intervallartig aus der Wunde, gilt es, die verletzte Gliedmaße abzudrücken bzw. abzubinden (siehe unter ›Blutungen‹).

Kleinere Wunden kann man selbst behandeln. Störende Kleidungsstücke entfernen. Eventuelle Fremdkörper (Fasern, Splitter) mit einer sterilen Pinzette entfernen, dann steril verbinden. Auf beginnende Wundinfektionen achten.

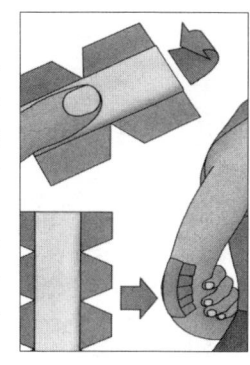

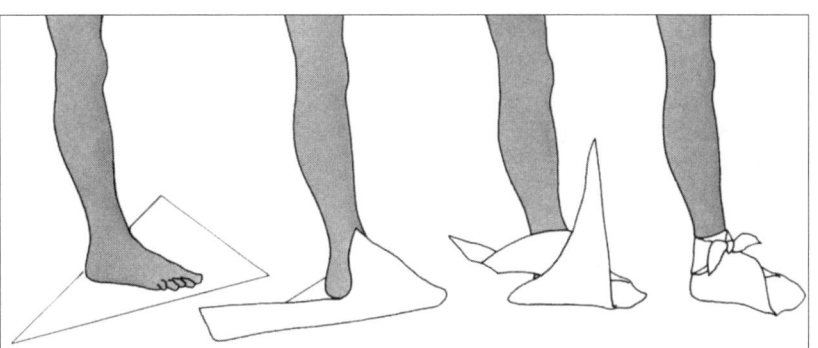

Oben: Elastische Pflasterverbände passen sich jeder Wundstelle an. An Armen und Beinen sollte der Verband nicht zu stramm gewickelt werden. *Links:* Fußverband mit Dreieckstuch.

> **Vergiftungen**

Es ist zu unterscheiden zwischen Vergiftungen bei geschluckten und bei eingeatmeten Giften. Der Notarzt muß auf jeden Fall verständigt werden. Gleichzeitig die Giftnot-Zentrale anrufen und Anweisungen befolgen.

Bei flüssigen und festen Giftstoffen empfehlen sich folgende Erste Hilfe-Maßnahmen: Ist der Verunglückte bei Bewußtsein, mit warmem Salzwasser (1–2 Eßlöffel Salz auf ein Glas Wasser) zum Erbrechen reizen (Ausnahme bei ätzenden Stoffen). Wiederholen, bis die erbrochene Flüssigkeit klar ist. Atmung und Kreislauf überwachen, bei Bedarf die ABC-Maßnahmen (Atemwege freimachen, Beatmung und mit Herzdruckmassage Circulation wiederherstellen) durchführen. Verpackung oder Behälter des Stoffes oder Reste der Mahlzeit zur Analyse sicherstellen.

Bei Vergiftungen mit Dämpfen und Gasen gilt es, den Raum sofort zu belüften und/oder den Verunglückten aus der Gefahrenzone zu entfernen. Dann, wenn notwendig, ABC-Maßnahmen durchführen und den Verunglückten mit Decke warmhalten.

➢ Verbrennungen/Verbrühungen

Je nach Tiefeneinwirkung (und nicht nach der Ausdehnung!) unterscheidet man 3 Grade von Verbrennungen:

– *1. Grad:* Die Haut ist rot, etwas geschwollen und schmerzt leicht.

– *2. Grad:* Auf der betroffenen Hautstelle bilden sich Brandbläschen mit einer klaren bis milchigen Flüssigkeit. Die Brandwunde näßt, da Bläschen aufbrechen.

– *3. Grad:* Die Haut ist dunkelbraun bis schwarz gefärbt. Das Gewebe stirbt ab. Die betroffene Person empfindet keine Schmerzen, da die Nervenverbindungen unterbrochen sind.

> **Brandwunden nicht berühren, da Infektionsgefahr besteht!**

Jede Verbrennung des 2. und 3. Grades muß sofort vom Arzt oder klinisch behandelt werden.

Bis zum Eintreffen des Arztes Brandwunde mit kaltem Wasser (15 bis 18 Grad) spülen, bis die Schmerzen nachlassen, andererseits nicht zu lange wegen der Gefahr der Unterkühlung; gegebenenfalls mehrmals wiederholen und dabei die Person warmhalten und beruhigen.

Die Brandstelle mit sterilem Verbandstoff (oder mit Tüchern bei größeren Flächen) abdecken.

Grundsätzlich keine Salbe (auch keine Brandsalbe!), kein Öl und kein Puder auf die Haut auftragen! Denn sonst kann die darunter liegende Haut nicht atmen und keine Wärme abgeben.

Brandblasen auf keinen Fall öffnen, sonst besteht die Gefahr von Infektionen.

Bei größeren Brandflächen (ab 10 Prozent der Körperoberfläche) drohen Flüssigkeitsmangel und Schock. Für entsprechende Flüssigkeitszufuhr (gesalzene Wasser, Tees, Bouillon) sorgen. Hat ein Kind ätzende Flüssigkeit getrunken, sollte es Milch (bei Säuren) oder verdünnten Essig (bei Laugen) trinken.

➢ Wehen/Entbindung

Alles, was Sie im Fernsehen bisher darüber gesehen haben, stimmt. Heißes Wasser zum Waschen des Babys, saubere Tücher zum Wickeln und Ruhe bewahren, denn Nervosität von seiten des Helfers kann nur schaden. Fast alle Kinder kommen ohne Komplikationen und auf natürlichem Wege zur Welt.

Die Nabelschnur darf nur mit einem sterilen Instrument durchtrennt werden. Ist dies nicht vorhanden, die Schnur und die Placenta um das Kind wickeln und eintrocknen lassen.

D. Kleine Pflanzenkunde einheimischer Heilkräuter

Unsere Natur bietet eine reichhaltige Auswahl an Heilkräutern. Allerdings ist heute das Wissen um ihre Vorkommen und ihre Anwendung häufig in Vergessenheit geraten. Die nachfolgende Zusammenstellung ist eine Auswahl. Sie soll die Neugier fördern, sich intensiver mit natürlicher Medizin zu beschäftigen. Bevor die übermächtige Pharmaindustrie sie verdrängte, nannte man dies ›Volksmedizin‹. Sie war häufig einfach, aber auch sehr wirkungsvoll. Nicht ohne Grund wird sie heute bis zum Verschwinden reglementiert. Allerdings sollte man bei schweren und akuten Erkrankungen im Sinne einer effektiven Hilfe verantwortungsbewußt zwischen dem Einsatz von Naturmedizin und von Medikamenten entscheiden.

Die bequemere Methode ist natürlich, sich Fertigtees in Lebensmittelgeschäften, Reformhäusern und Apotheken zu besorgen. Sie werden als Teefilterbeutel und als Instant-Tees (Granulat) angeboten. Die eigene Teezubereitung ist unseres Erachtens schon deshalb besser, weil infolge der übermäßigen Verkleinerung der Pflanzen in den Teefilterbeuteln die ätherischen Öle sowie die Wirkstoffe stark beeinträchtigt werden können. Reformhäuser und Apotheken bieten übrigens die gängigsten Heilkräuter in getrockeneter Form.

Beachten Sie, daß die getrockneten Kräuter vor Lichteinwirkungen zu schützen sind: Starkes Licht kann chemische Prozesse auslösen, die die in den Heilpflanzen enthaltenen Wirkstoffe verändern.

Die Zubereitung der Pflanzen erfolgt je nach den Pflanzenteilen auf drei Weisen:

– *Aufguß* für Blüten und Blätter: Diese werden mit siedendem Wasser überbrüht und nach etwa 10 Minuten durch ein Teesieb gegeben;

– *Absud* für Wurzeln, Rinden und Hölzer: Die Pflanzenteile werden in kaltes Wasser gegeben; das Wasser zum Kochen bringen und 10 bis 30 Minuten ziehen, zum Schluß abseihen;

– *Kaltauszug* für Wurzeln: die Wurzeln (z. B. Eibischwurzeln) in kaltes Wasser geben und bis 10 Stunden ziehen lassen und abseihen.

Welchen Tee nehmen?

Das hängt davon ab, zu welchem Zweck man Tee zubereitet. Möchten Sie eine Krankheit auskurieren, Befindlichkeitsstörungen beseitigen oder Schmerzen lindern, dann wählen Sie die Pflanze(n), die für das Leiden angezeigt ist/sind. Die Behandlung, außer wenn sie mit

Ein Klassiker: Mannfried Pawlow, *Hausapotheke. Bewährte Hausmittel zur Behandlung von Alltagsbeschwerden,* Augsburg 1996.

dem Hausarzt abgesprochen worden ist, dürfte nicht länger als zwei Wochen dauern, sonst besteht die Gefahr der Gewöhnung.

Oder Sie möchten Kräutertees *vorbeugend* trinken, um ein bestimmtes Organ (oder alle!) zu stüzen, um eine gewisse Abwehrschwäche zu beheben und Ihr Allgemeinbefinden zu verbessern, dann gibt es zahlreiche altbewährte Teerezepte.

Nachfolgend stellen wir rund dreißig einheimische Heilpflanzen in Kurzform vor.

➢ **Ackerschachthalm**

Sammelzeit: Weitverbreitete Pflanze in Feuchtgebieten, grün sammeln und trocknen; hat einen hohen Gehalt an Kieselsäure.

Anwendung: innerlich und äußerlich, als Tee zur Blutreinigung, bei Nieren- und Blasenleiden, Ruhr, Blutungen, Frostbeulen, Krampfadern, Wunden, Hautentzündungen; Hauptanwendungsgebiet bei Rheuma.

➢ **Arnika** (steht unter Naturschutz)

Sammelzeit: Blüten und Blätter in der Blütezeit sammeln, Wurzeln im Herbst; im Schatten trocknen.

Anwendung: Tee bei Magen- und Darmverstimmung, Übelkeit; Tinktur äußerlich bei Prellungen, Hexenschuß. Wirkt entzündungshemmend und schweißtreibend.

Von links: Ackerschachthalm, Arnika, Beinwell

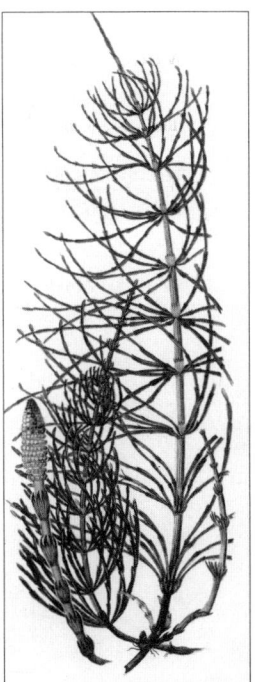

- **Beifuß, gemeiner**

    Sammelzeit: blühendes Kraut (Juli/September), Wurzel (November).

    Anwendung: Frauenheilpflanze, bei Menstruationsproblemen und -schmerzen, allgemein beruhigend und entkrampfend, wirkt fiebersenkend, fördert Appetit und Verdauung, wirkt gegen Blähungen und ist harntreibend.

- **Beinwell/Wallwurz**

    Sammelzeit: Wurzel – wird von März bis Mai oder auch im Herbst geerntet. Beinwellauszug – 100 g Beinwellwurzel auf 1 Liter Wasser, Wurzel etwa 10 Minuten kochen. Danach abgießen und mit der warmen Flüssigkeit Umschläge bereiten.

    Anwendung: Beinwell ist ein sehr gutes Heil- und Schmerzmittel bei Hautverletzungen, Verstauchungen, Zerrungen, Knochenbrüchen (Brei aus Blättern bei Hautverletzungen auf die Wunde legen), wirkt außerdem bei Husten.

- **Benediktenkraut**

    Sammelzeit: entrindete Stengel, Wurzeln vor der Blüte oder im Herbst ernten, frisch, aber auch trocken zu verwenden

    Anwendung: Als Tee bei Durchfall, Ruhr, Erbrechen, Muskelschmerzen, Kopf- und Zahnschmerzen, wirkt außerdem harntreibend und fiebersenkend.

- **Birke**

    Sammelzeit: Blätter und Rinde sammeln.

    Anwendung: Tee gegen Rheuma, Blasen- und Steinleiden, bei unreiner Haut und Akne (auch als Waschung).

- **Brennessel**

    Sammelzeit: ganzjährig die jungen Blätter.

    Anwendung: Gekocht als Wildgemüse, in Suppen oder Salat (junge Blätter), als Tee zur Anregung des Stoffwechsels und gegen Anämie. Wirkt auf Leber, Galle und die Harnwege, gegen Durchfall, Rheuma und Gicht.

    Von oben: Benediktenkraut, Brennessel.

Von oben: Brombeere, Fenchel; *rechts:* Heckenrose.

> **Brombeere**

Sammelzeit: Blätter (vor der Blütezeit) für Tee trocknen, Früchte.

Anwendung: Tee bei Grippe, Durchfall, Darmkatarrh, Zahnfleisch- und Halsentzündungen (auch gurgeln); bei Hautentzündungen Umschläge.

> **Erdbeere**

Sammelzeit: Blätter während der Blüte im Mai und Juni sammeln.
Anwendung: Tee bei Durchfall, wirkt beruhigend.

> **Fenchel, wilder**

Sammelzeit: Frühjahr bis Herbst.

Anwendung: Fencheltee bei Bronchialkatarrh und Keuchhusten, wirkt schleimlösend, krampfmildernde Eigenschaften bei Magen- und Darmbeschwerden, Koliken und Blähungen. Fencheltee besonders in der Säuglings- und Kinderheilkunde (nebenwirkungsfrei); als Kompresse gegen Entzündung der Augenbindehaut. Ähnliche Wirkungen wie der Fenchel haben Anis und Kümmel.

> **Heckenrose/Hagebutte**

Sammelzeit: Im Herbst die Hagebutten trocknen, zuvor Kerne entfernen.

Anwendung: Die Hagebutte hat einen sehr hohen Gehalt an Vitamin C (mindestens 400 mg/100g), sowie die Vitamine A, B_1, B_2 und Mineralstoffe. Verbessert die Sauerstoffversorgung der Zellen

Von links: Holunder, Heidelbeere.

Tee bei Erkältungs- und Infektionskrankheiten, Nieren- und Blasenleiden, Keuchhusten, gegen Würmer, Zahnfleischbluten und Paradontose.

Rohe Hagebutten gegen Würmer essen.

Marmelade aus Hagebuttenmarmelade gegen Appetitlosigkeit.

> **Heidelbeere**

Sammelzeit: Blätter und reife Beeren trocknen.

Anwendung: Seit der Äbtissin Hildegard von Bingen bekannt, Tee gegen Blasenleiden, Bronchitis, Durchfall, Husten und Magenbeschwerden.

Heidelbeersaft bei Entzündungen des Mund- und Rachenbereichs, auch äußerliche Anwendung bei Wunden.

> **Himbeere**

Sammelzeit: Blätter und Blüten sammeln und im Schatten trocknen.

Anwendung: Tee gegen Grippe, Verstopfung, Heiserkeit, Bronchitis, Husten, wirkt außerdem harntreibend und blutreinigend.

Bei Hautentzündungen als Umschlag.

> **Holunder**

Sammelzeit: Blütendolden im Frühjahr, Beeren im Herbst trocknen.

Anwendung: Blütentee bei Bronchitis, Schnupfen, Grippe, Zahn- und Ohrenschmerzen, überall geeignet, wo starkes Schwitzen hilft, etwa bei Rheuma und grippalen Erkrankungen, da auch fiebersenkend.

Früchtetee als Abführmittel, Blutreinigung bei Ausschlag.

Himbeere

Gesundheit

> **Huflattich**

Sammelzeit: Blätter im Frühjahr, später Blütenköpfe sammeln und trocknen.

Anwendung: Tee bei Husten und Bronchitis, frische Blätter zerreiben als Packung bei Venenentzündung und Geschwüren.

> **Johanniskraut**

Sammelzeit: Gelbe Blüten im Sommer (bis September) sammeln und trocknen.

Anwendung: die beruhigende Pflanze schlechthin, wirkt stimmungsaufhellend und nervenstärkend, beinflußt außerdem positiv Menstruationsbeschwerden, Magen- und Darmverstimmungen, die Wundheilung und Entzündungen.

> **Kamille**

Sammelzeit: Blütenköpfchen vor dem 21. Juni (Johannis) sammeln und trocknen. Kamillenanwendungen dürfen nicht zu stark dosiert werden und nicht zu häufig erfolgen.

Anwendung: Tee bei Fieber und Entzündungen der Atemwege und des Rachenraumes, wirkt krampflösend bei Blähungen, Magen- und Darmbeschwerden, reguliert Menstruationsstörungen.

Inhalation der Dämpfe bei starkem Schnupfen sowie bei Stirn- und Nebenhöhlenerkrankungen.

Wund- und Hautbäder bei Hautausschlägen, Hämorrhoiden (Sitzbad).

> **Linde**

Sammelzeit: Blüten Ende Juni (Sommerlinde), juli (Winterlinde), im Schatten trocknen.

Anwendung: Linde hat stark schweißtreibende Eigenschaften und empfiehlt sich als heißer Tee bei (fiebrigen) Erkältungskrankheiten; stärkt die Abwehrkräfte.

Wirkt außerdem entzündungswidrig, als Mundspülung bei Entzündungen der Schleimhaut, als Badezusatz bei rheumatischen Beschwerden.

Von oben: Huflattich, Johanniskraut, Kamille.

- **Löwenzahn**

    Sammelzeit: Die ganze Pflanze ohne Blütenstengel trocknen, Wurzel vor der Blüte; die jungen Blätter als Frühlingssalat.

    Anwendung: Tee bei Verdauungsschwierigkeiten, fördert die Gallensekretion und wirkt harntreibend. Gelbsucht, Appetitmangel. Der Milchsaft der Stengel wirkt gegen Warzen. Löwenzahnsalat und -salat wirken besonders entschlackend.

- **Melisse**

    Sammelzeit: Blätter (Juni), rasch trocknen.

    Anwendung: Die Melisse ist bekannt für ihre krampflösenden und beruhigenden Eigenschaften, sie wirkt daher als Tee bei Magenverstimmung, Blähungen, Nervosität, Schlafstörungen.

    In äußerlicher Anwendung bei Blutergüssen, Quetschungen und als Kompresse zur Wundheilung.

    Frische Blätter als aromatischer Zusatz.

- **Mistel**

    Sammelzeit: Blätter im Winter (vor der Fruchtbildung) sammeln und trocknen.

    Anwendung: Tee gegen Arterienbeschwerden, Gelenkentzündungen, hohen Blutdruck, zur Beruhigung. Außerdem wirkt die Mistel harntreibend.

- **Pfefferminze**

    Sammelzeit: Blätter frisch oder getrocknet.

    Anwendung: Tee bei Magen- und Leberbeschwerden, Blähungen, Übelkeit, Husten, Heiserkeit, Müdigkeit.

    Einreibung bei Rheumabeschwerden und Quetschungen.

    Mundspülung und Gurgelmittel bei schlechtem Atem.

- **Ringelblume**

    Sammelzeit: Blütenköpfe zwischen Juni und Oktober.

    Anwendung: als Tee fördert die Leber- und Gallentätigkeit und hilft bei Verdauungsstörungen.

Von oben: Mistel, Pfefferminze, Ringelblume.

Entzündungshemmende und wundheilende Eigenschaften: Als Kompresse und Salbe bei Prellungen, Quetschungen und Hautenzündungen, zur Hauptpflege für Arme und Beine.

➢ **Salbei**
Sammelzeit: ganzjährig, luftdicht aufbewahren.
Anwendung: Allheilmittel, stark antibakteriell und aus diesem Grund vielseitig anwendbar; wirkt unter anderem schweißhemmend und hat einen positiven Einfluß auf Diabetes.
Salbeiblätter können auch roh gekaut werden und wirken desinfizierend bei entzündlichen Atemwegserkrankungen; Salbei eignet auch als Mundspülung und Gurgelmittel.

➢ **Schafgarbe**
Sammelzeit: im Sommer, getrocknete Blätter und Blütenstände.
Anwendung: hat ähnlich wie die Kamille sehr gute entzündungshemmende Eigenschaften und empfiehlt sich in äußerlicher Anwendung als Waschung bei kleinen Wunden und Hautentzündungen.
Tee bei Beschwerden im Magen-Darm-Trakt, bei Blähungen, Appetitlosigkeit.

➢ **Schlüsselblume**
Sammelzeit: Blüten, auch ganze Pflanze mit Wurzeln trocknen.
Anwendung: Tee für alle Arten von Erkältungskrankheiten (wirkt

Von links: Salbei, Schafgarbe, Schlüsselblume.

fiebersenkend), Nieren- und Blasenleiden (wirkt harntreibend), Rheuma, Gicht, Verstopfung.

> **Spitzwegerich**

Sammelzeit: Blätter (vor der Blüte), auch frisch anwendbar.

Anwendung: Tee für Erkrankungen der Atemwege, Husten, Keuchhusten, Blase, Ruhr; auch bei Magen-Darm-Katarrhen und -Koliken.

Frische Blätter bei frischen Wunden, Augenentzündung, wirkt entzündungshemmend. Ebenso als Gurgelwasser bei Entzündungen in der Mundhöhle.

> **Wacholder**

Sammelzeit: Beeren trocknen.

Anwendung: kalter Aufguß von 1 Teelöffel auf 1 Tasse Wasser, 8 Stunden ziehen lassen, wirkt positiv auf Rheuma, Arthritis, Gicht, Husten, Asthma. Wacholderbeeren kann man kauen (7 bis 8 Beeren täglich). Auch als Badezusatz.

> **Wegwarte**

Sammelzeit: frische Blätter (vor der Blüte) trocknen, Wurzel im Herbst.

Anwendung: Gelbsucht, Magenbeschwerden, appetitanregend, Wurmkur. Die jungen Blätter eignen sich als Wildkrautsalat.

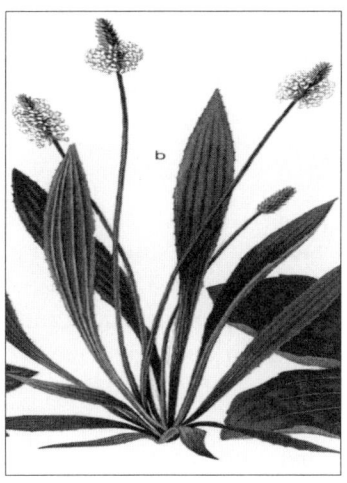  

Von links: Spitzwegerich, Wacholder, Wegwarte.

- **Weißdorn**

  Sammelzeit: Blätter im Frühjahr, auch Blüten und Rinde trocknen, Beeren im Oktober.

  Anwendung: Wichtige Herzheilpflanze, Tee bei Angina pectoris, Schlaflosigkeit, herzanregend, reguliert Blutdruck, Tonikum bei Erschöpfung.

  Beeren für Marmelade.

- **Zwiebel**

  Sammelzeit: Allheilmittel

  Anwendung: starke antibakterielle Wirkung, Anwendung bei Grippe, Husten und Schnupfen. Zwiebel wirkt appetitanregend, verdauungsfördernd, wassertreibend und äußerlich wundheilend, hilft auch bei Durchblutungsstörungen, senkt den Blutfettspiegel.

  Äußerliche Anwendung gegen Bienen- und Wespenstiche: Mit frisch aufgeschnittener Zwiebel die Einstichstelle einreiben. Bei Stichen in den Mund- und Rachenraum sofort eine Zwiebel kauen. Die Wirkstoffe verhindern so ein zu starkes Anschwellen der Schleimhäute.

  Rezept für Zwiebel-Sirup bei Husten (auch für Kinder geeignet): Eine große Zwiebel kleinschneiden und mit 3 Eßlöffeln braunem oder weißem Zucker vermischen und ziehen lassen. Den Sirup vor dem Schlafengehen oder bei starkem Husten auch mehrmals täglich.

  Für die ganz Harten bei starken Hals- und Mandelentzündungen: ganze Zwiebel sorgfältig kauen und den Saft herunterschlucken. Rezept aus Ostpreußen, wirkt hervorragend.

Von oben: Weißdorn, Zwiebel.

◆ **Prüfen Sie Ihre Vorbereitungen!**

Und wie wäre es mit einem Saft?

Interessante Rezepte bietet das Buch von P. Zeller, *Die natürliche Apotheke.*

Säfte (Obst- und vor allem Gemüsesäfte) haben in der Naturheilkunde schon immer eine große Rolle gespielt und manche Tabletten ersetzt. Die regelmäßige Einnahme von verschiedenen Säften kann zum allgemeinen Wohl beitragen und vorbeugend wirken, indem sie die Abwehrkräfte des Organismus stärken.

Bitte beachten: Die Saftmenge, die nicht in den nächsten Tagen getrunken wird, mit Einmach-Hilfe in Flaschen füllen und gut verschließen.

8.
Notgepäck · Kleidung

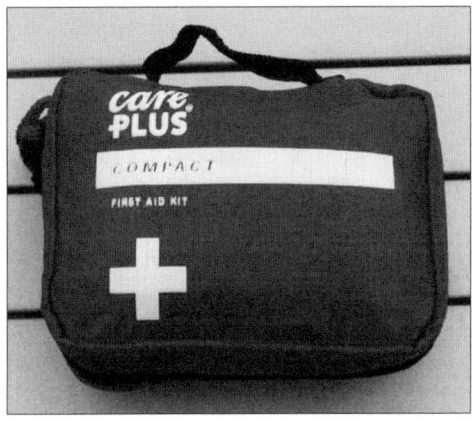

A. Der Notfall und seine Ausrüstung

Man kann nicht an alles denken, vieles ist jedoch vorhersehbar.

Evakuierungen als Folge von unvorhergesehenen Zwischenfällen und Katastrophen finden täglich statt. Wir erleben sie vom bequemen Fernsehapparat aus als ferne Ereignisse. Wie schnell sie auch uns betreffen können, darüber machen wir uns keine Gedanken.

Häufig wird eine Evakuierung von den Behörden angeordnet, aber Sie können auch in eine Situation kommen, in der Sie selbst entscheiden, Ihre Wohnung oder das Haus zu verlassen. Notgepäck und die Kleidung am eigenen Körper sind dann das einzige, was Sie mit sich nehmen können.

Notgepäck

Eine Grundregel besagt, daß ein Notgepäck nur so umfangreich sein darf, daß es auch ohne fremde Hilfe längere Zeit getragen werden kann.

Der Rucksack ist das zweckmäßigste Transportmittel, ein sperriger Koffer das denkbar schlechteste, selbst wenn er auf glattem Untergrund rollt.

Es entscheidet auch nicht der Wert darüber, was Sie mitnehmen, sondern die Zweckmäßigkeit. Ihre wertvolle Fotoausrüstung, so schmerzhaft es auch ist, brauchen Sie im Notfall nicht. Was Sie brauchen, ist ein Dosenöffner!

Bedenken Sie, daß es Umstände geben kann, unter denen die Rückkehr in Ihre Wohnung oder in Ihr Haus für längere Zeit nicht möglich sein kann.

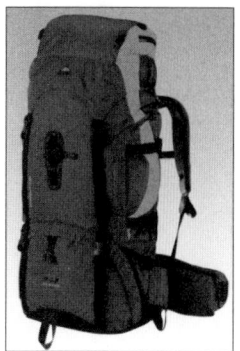

Der Rucksack der Firma McKinley zum Beispiel kann vom Fassungsvermögen (55 l) her schon einiges aufnehmen.

Wichtig für Familien mit Kleinkindern

Für Kleinkinder sollte ein Halsbeutel oder eine wasserdichte Kapsel mit der Anschrift und persönlichen Angaben bereitliegen. Erhältlich beim DRK, in Kauf- und Versandhäusern, Apotheken und Drogerien.

Eine Notfallausrüstung orientiert sich an den praktischen Fragen:
- Wo befinde ich mich?
- Wohin will ich?
- Bin ich für mich allein verantwortlich oder für eine Familie?
- Ist die Notlage in kurzer Zeit beendet, oder ist sie von längerer Dauer?

Die folgende Checkliste ist nicht vollständig und individuell zu ergänzen. Grundsätzlich müssen für die Auswahl Zweckmäßigkeit, praktische Anwendbarkeit und Übersichtlichkeit gelten.

➢ **Notgepäck – woran muß ich denken?**
- Erste-Hilfe-Material, wichtige Medikamente für den persönlichen Bedarf
- Rundfunkgerät mit UKW und Mittelwelle (Batteriebetrieb + Reservebatterien)
- Verpflegung für mindestens 2 Tage in wasserdichter Verpackung
- Wasserentkeimungstabletten und/oder Wasserfilter (z. B. Katadyn)
- Trinkflasche (Aluminium)
- Eßgeschirr und -besteck
- Messer oder Multi-Tool-Werkzeug
- Taschenlampe (Reservebatterien, kompatibel mit Radiobatterien)
- Feuerzeug/Streichhölzer
- Notkocher und Brennstofftabletten oder Gaskartusche
- Schlafsack, Decke, leichte Plane (Tarp) als Regenschutz/Bodenisolierung
- Kleidung
- Hygienebedarf

➢ **Achtung!**
- Ausweise, Geld, Wertsachen, Urkunden, Zeugnisse in Dokumentenmappe (wasserdicht).
- Brustbeutel oder wasserdichte Kapsel für Kinder mit wichtigen Angaben zu deren Person.
- Gehen Sie mit Kindern, vergessen Sie nicht, ein kleines Kuscheltier mitzunehmen! Es ist leicht und erleichtert ungemein das Einschlafen in fremder Umgebung.

◆ **Prüfen Sie Ihre Vorbereitungen!**

B. Kleidung für den Notfall und das Notgepäck

Grundsätzlich ist bei der Auswahl von Kleidung zu beachten, daß sie stabil, wetterfest und leicht ist. Viele Outdoorgeschäfte und -versender verfügen über hervorragende Berater und Produkte, denen man sich problemlos anvertrauen kann.

Auch der Militärhandel bietet viele praktische und preisgünstige Ausrüstungsgegenstände.

Generell ist ein kritischer Vergleich angebracht, denn nicht immer ist preisgünstig auch gut oder insbesondere auf dem neuesten technischen Stand.

➢ **Achten Sie darauf, daß:**
- Kleidung immer trocken sein sollte, denn nasse Kleidung führt zur Unterkühlung und zu größerer Anfälligkeit bei Krankheiten.
- Ziehen Sie sich nach dem Zwiebelschalenprinzip an, d. h. Kleidung in mehreren Schichten. So kann Überhitzung oder starkes Schwitzen vermieden werden. Ein dicker warmer Pullover ist unpraktisch, mehrere dünne geben mehr Regulierungsraum.
- Moderne Fasern bieten gegenüber Naturfasern einige wichtige Vorteile: Sie trocknen schneller, sind unter anderem atmungsaktiv, leicht, reißfest.

➢ **Empfohlene Kleidung:**
- 1 Paar feste Wanderschuhe (sie sollten eingelaufen und wasserdicht sein)
- 1 Paar Sandalen
- 1 wind- und wasserfeste Outdoorjacke
- 1–2 Fleecejacken (mit hohem Kragen)
- 2 Hosen (Jeans sind im Gelände häufig ungeeignet und schwer zu trocknen)
- T-Shirts (mindestens 2)
- Unterwäsche (2 x, atmungsaktiv, warm, leicht, lang oder kurz je nach Jahreszeit)
- Socken (3 x warme Socken, passend zu den Wanderschuhen)
- Regenbekleidung (auch Abdeckung des Rucksacks beachten)
- Handschuhe (robust, u. U. als Arbeitshandschuhe verwendbar)
- Halstuch (auch als Schweißtuch o. ä. einsetzbar)

- Gesichtsmaske
- Mütze

Bitte beachten: Bei Fleece-Kleidern gibt es verschieden starke Qualitäten: 100er Micro Fleece, 200er Basic (meist verwendet), 300er (je größer die Zahl, desto dicker der Fleece). Die Zahl gibt das Gewicht in Gramm pro Quadratmeter an.

Grundsätzlich: Fleecematerialien halten sehr warm und trocknen sehr schnell. Sie sollten in Verbindung mit einer separaten windabweisenden Jacke getragen werden, da man in fest kombinierten Jacken sehr schnell einen Wärmestau hat und zu schwitzen anfängt.

➢ **Behelfsmäßige Schutzkleidung:**
- Schutzhelm (Arbeitsschutzhelm, Fahrradhelm, Sturzhelm o.a.).
- Bei chemischen oder radioaktiven Gefahren Schutzmaske oder Schutzhaube mit Kombinationsfilter; alternativ Halbmaske mit gasdichter Schutzbrille.
- Schutzbekleidung wie zum Beispiel Seglerbekleidung (Jacke, Hose) oder langer Regenmantel mit Kapuze (erleichtert später das Abwaschen bzw. Dekontaminieren); siehe auch Overalls aus dem Malerbedarf in jedem größeren Baumarkt und Fachgeschäft.
- Strapazierfähige Schuhe mit Knöchelschutz oder Gummistiefel mit möglichst dicken Sohlen.

◆ **Prüfen Sie Ihre Vorbereitungen!**

Fleece-Produkte umfassen sämtliche Bereiche der Oberbekleidung, wie Jacken, Hosen, Mützen, Handschuhe, aber auch Decken und Futterstoffe. Sie sind atmungsaktiv, leicht, antiallergisch, trocknen sehr schnell und bieten eine besonders hohe Isolation. Allerdings sind sie nicht winddicht.

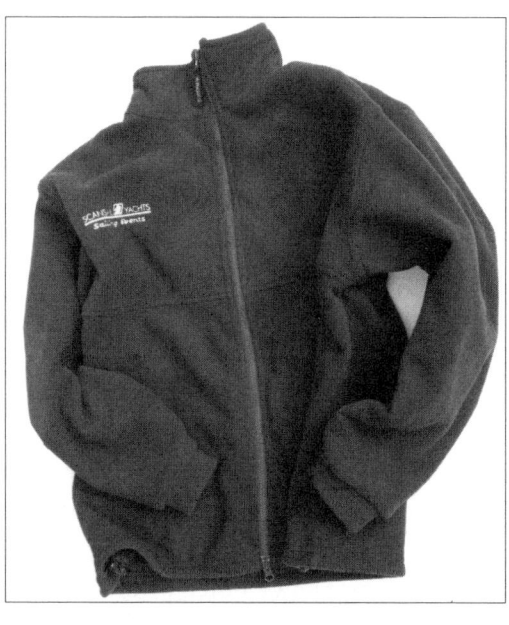

Fleece-Jacke

C. Dokumentensicherung

Sind Ihre Dokumente sicher verwahrt? In jedem Haushalt sollten in einer Dokumentenmappe alle wichtigen Dokumente (u. U. beglaubigte Abschriften oder Fotokopien) zusammengestellt sein.

Für den Notfall sollte ihr Aufbewahrungsort jedem Familienmitglied bekannt sein.

Verlorengegangene Papiere sind nur schwer wieder zu beschaffen, in manchen Fällen wird dies sogar unmöglich sein.

> **In die wasserdichte Dokumenten-Mappe gehören:**
> - Familienurkunden (Geburts-, Heirats-, Sterbeurkunden) bzw. Stammbuch
> - Renten-, Pensions- und Einkommensbescheinigungen
> - Sparbücher, Aktien, Fahrzeugbrief usw.
> - Versicherungspolicen
> - Zahlungsbelege für Versicherungsprämien, insbesondere Rentenversicherung
> - Zeugnisse (Schul- und Ausbildungsnachweise, Befähigungen, Erlaubnisse)
> - Verträge
> - Grundbuchauszüge
> - Dokumentation des Eigentums (Inventarliste, u. U. mit Foto belegt)
> - Testament u. ä. (handschriftlich, soweit keine anderweitige Verfügung getroffen worden ist, Zeugen unterschreiben lassen).

Kopien wichtiger Dokumente können auch bei Freunden und Verwandten hinterlegt werden.

◆ **Prüfen Sie Ihre Vorbereitungen!**

9. Psychologie des Überlebens

Wir alle kennen ein Alltagsphänomen – da hat jemand Angst vor Hunden und wird prompt gebissen. Der Hund hat die Angst gespürt und fühlte sich stärker, aber auch herausgefordert.

›Angst haben‹ ist ein natürlicher Reflex, der den Menschen seit der Frühzeit der Entwicklung vor gefährlichen Situationen bewahrt. Furcht schärft die Sinne. Andererseits verhindert auch ›zu viel Angst haben‹ jegliche Weiterentwicklung. Es kommt auf die Mischung an, und da heißt Angst, einfach nur vorsichtig und wachsam zu sein.

Mit Sicherheit stellt eine Krisensituation jeden von uns vor unbekannte Herausforderungen, für die es je nach Temperament und Fähigkeiten unterschiedliche Lösungen geben wird. Generell gilt, daß wir in vertrauter Umgebung sicher, auf unbekanntem Boden vorsichtiger sind.

Wir reden in diesem Buch bewußt nicht von extremen Survival-Situationen. Auf einer Bergtour mit nassem Holz ein Feuer anmachen zu müssen ist eine Herausforderung. Das hat man irgendwann von den Eltern, bei den Pfadfindern oder als begeisterter Wanderer gelernt. Für diejenigen, die meinen, es lernen zu müssen, gibt es hervorragende Handbücher (siehe Literaturempfehlungen im Anhang).

Doch Notsituationen zu bestehen heißt nicht zwingend, Überlebenstechniken zu beherrschen. Wichtig ist die mentale Verfassung. Überlebenstechniken sind wichtig für die Analyse der Situation und die unmittelbaren Aufgaben, aber *der Wille zum Überleben* ist wesentlich.

◆ Auch hier gilt: **Prüfen Sie Ihre Vorbereitungen!**

Streß

Je besser Sie vorbereitet sind, desto besser werden Sie dem Streß einer gefährlichen Situation begegnen können. Streß ist eine natürliche Reaktion auf ungewohnte, oder unbekannte, oder belastende Situationen. Ein ausgebildeter Feuerwehrmann geht mit einem Brand anders um als ein Laie oder gar ein Betroffener. Die Schwelle zwischen Streß und unkontrollierten panischen Reaktionen ist dabei fließend.

Doch nehmen wir Streß einmal positiv. Er stellt uns vor Herausforderungen, gibt uns Chance, etwas über unsere Fähigkeiten und Stärken zu erfahren und uns in außergewöhnlichen Situationen zu bewähren.

➢ **Vermeiden Sie:**
- spontane aggressive Handlungen.
- Unachtsamkeit oder Unkonzentriertheit.
- Zustände der Erschöpfung. Machen Sie regelmäßig Pausen!
- übergroße Ängstlichkeit.
- Schuldgefühle für vergangene Situationen.
- Nachdenken über Tod oder Selbstmord.
- Nicht auf Alkohol und Drogen zurückgreifen!
- Streit mit Ihren Begleitern – in der Gruppe oder am Zufluchtsort.
- Ausschluß von anderen aus der Gruppe ist tabu. Strikte Solidarität miteinander ist ein Grundbaustein für Unversehrtheit und Überleben.
- Weichen Sie nicht der Verantwortung aus, nehmen Sie aber auch nicht zu viel davon!
- Nachlässigkeit und Selbstüberschätzung sind der Beginn jeder Niederlage.

Angst ist eine natürliche Reaktion und kann vor Gefahren schützen. Panische Angst lähmt das Denken, führt zu unüberlegten Handlungen.

Streß kann konstruktiv oder destruktiv sein, er kann ermutigen oder entmutigen. Er kann bei Ihnen Panik verursachen, so daß Sie selbst die besten Vorbereitungen und das beste Training vergessen. Der Schlüssel zum Überleben ist Ihre Fähigkeit, mit Streß umzugehen, und nicht das Handeln vom Streß bestimmen zu lassen.

Auch Angst ist ein schlechter Ratgeber. Das Ziel ist nicht, die Angst zu unterdrücken, sondern sie als Warnsignal und als Anleitung für vorsichtiges Handeln zu sehen.

Seien Sie realistisch! Die Sie umgebenden Verhältnisse sind so, wie sie sind, und nicht, wie Sie es unter Umständen haben möchten. Unrealistische Vorstellungen oder Erwartungen sind der Nährboden für Zweifel und Enttäuschung. Machen Sie sich zum Motto:

»Hoffen wir das Beste,
seien wir vorbereitet auf das Schlechteste.«

Lernen Sie, das Positive in jeder Situation zu sehen! Verzichten Sie auf moralische Haltungen, wie sie heute so modern sind. Sie sind im Notfall verantwortlich für sich, Ihre Familie, Ihre Gruppe. Sie müssen nicht die Welt retten, sondern nur besonnen und verantwortlich in der unmittelbaren Situation handeln.

Der ›Wille zu überleben‹ kann auch heißen: ›*sich weigern aufzugeben*‹.

Kennen Sie sich selbst?

- Sind Sie schon einmal bei einem Spaziergang vom gepflasterten Weg abgewichen und einfach quer wie ein Pilzsucher durchs Gelände gelaufen?
- Wann haben Sie das letzte Mal einfach so auf einer Wiese, in einem Wald oder an einem See gelegen und der Natur zugehört?
- Können Sie sich zwei Nächte im Wald vorstellen?
- Fragen, die sich jeder stellen sollte, der dieses Buch liest.

Auf die Einstellung zu sich und zu den anderen kommt es an! Kapseln Sie sich nicht nach außen ab, seien Sie vielmehr aktiv!

Überleben in der Gruppe

Eine Kette ist nur so stark wie ihr schwächstes Glied!

- Vermeiden Sie unter allen Umständen Streit!
- Auf keinen Fall darf sich die Gruppe trennen.
- Die Gruppe sollte einen Führer wählen, dessen Autorität von allen akzeptiert ist.
- Dieser Führer delegiert, entsprechend den Fähigkeiten der Gruppenmitglieder, Aufgaben.
- Die Gruppe muß lernen, daß sie nur gemeinsam die Aufgaben bewältigen kann.
- Die Gruppe muß lernen, daß Überleben niemals aufzugeben heißt.

Selbsthilfemaßnahmen

- Auf eine leichte Kost achten; Völlegefühl verstärkt die Beklemmung!
- Atemübungen: langsames Atmen und Vollatmung, kann helfen, körperlich-seelischen Ausgleich zu finden.
- positive Visualisierungen fördern das Selbstvertrauen und das Selbstwertgefühl und verscheuchen die Angst.
- Entspannungstechnik, verbunden mit Selbstsuggestion.

◆ **Prüfen Sie Ihre Vorbereitungen!**

10.
Verhalten bei Naturkatastrophen

Deutlich sehen wir jeden Tag die Folgen des Klimawandels. Naturkatastrophen gehörten bislang zu fernen exotischen Regionen und konnten mit leisem Schauern am Fernsehapparat betrachtet werden. Daß Deutschland immer wieder im Küstenbereich, aber auch in den Flußtälern von Rhein, Donau und Elbe verheerende Flutkatastrophen erlebt hat, wird zu leicht verdrängt.

Doch plötzlich stellen wir fest, daß wir mitten drin im Klimawandel sind – Regenfälle mit noch nicht erlebten Wassermengen, Tornados verwüsten Dörfer inmitten von Deutschland, schwerste Überschwemmungen verwüsteten ganze Landstriche, Eisregen blockiert tagelang Regionen. Zwischen 1985 und 1999 haben Unwetter in Europa Schäden in Höhe von 112,4 Milliarden US-Dollar verursacht, allein Stürme kosteten 35,4 Milliarden US-Dollar und 1460 Todesopfer.[46]

Vielleicht gab es das auch schon früher, nur daß unser von den Medien übernommenes zentrales Gedächtnis so durchweg löchrig geworden ist wie die politisch gelenkte Auswahl der Nachrichten.

Erinnern wir uns! Die Germanen eroberten Rom, weil das Getreide auf ihren Felder im Dauerregen einer kleinen Eiszeit verrottete. Wir sind einige hundert Jahre weiter, das Wetter ist nicht berechenbarer geworden, nur die kurzfristigen Prognosen stimmen meist.

Wer erinnert sich nicht an die dramatischen Flutbilder in Sachsen und im Oderbruch im Jahre 1997, als Hausbewohner fassungslos über

Hochwasser im Oderbruch 1997.

---

[46] Statistik der Münchner Rückversicherung 1999.

Nacht vor dem Nichts standen? Auch die verheerenden Stürme, die immer häufiger und heftiger auftreten.[47]

A. Unwetter

Unwetter kommen nicht plötzlich und unerwartet, Sie können sich sozusagen vorbereiten.

Foto: Marco Kaschuba

Stürme haben im Winterhalbjahr hat laut DKKV (der nationalen Plattform zur Katastrophenvorsorge in Deutschland) folgende Charakteristika:

- Sturm :   65–84 km/h
- Schwerer Sturm: 85–105 km/h
- Orkanböen: 105–117 km/h
- Orkan: 118 km/h bis 200 km/h

➢ **Grundsätzlich gilt bei jeglicher Notfall- oder Katastrophensituation:**
   - Rettung von Menschenleben geht vor Erhaltung von Sachwerten.
   - Rettungsversuche grundsätzlich nur mit Eigensicherung.
   - Rufen Sie Hilfe!

---
[47] Genau 100 Jahre zuvor gab es eine schwere Flut in Sachsen und in der Lausitz.

- Beachten Sie die allgemeinen Hinweise zur Ausrüstung für den Notfall!
- Denken Sie an die Dokumentensicherung!

> **Allgemeine Vorsorge in Haus und Nachbarschaft bei Unwettern und Naturkatastrophen:**
- Informieren Sie sich fortlaufend über die aktuelle Entwicklung von Sturm-, Regen/Wasser-, Schnee- und Eisfronten! (Radio mit Batteriebetrieb bereithalten)!
- Versorgung hilfsbedürftiger oder kranker Personen planen.
- Möglichkeiten zur Evakuierung aus der Gefahrenzone schaffen.
- Vorsorge für die Evakuierung von Tieren treffen. Denken Sie daran, auch Tiere haben Angst und müssen beruhigt werden
- Absprachen innerhalb der Nachbarschaft über Notfallmaßnahmen.
- Hauptschalter, Absperrventile überprüfen – gehört auch zur allgemeinen Vorsorge.
- Mit Schalbrettern, Sperrholzplatten (wasserfest) und Silikon können gefährdete Räume geschützt werden. Sandsäcke bereithalten, sie können Wasserfluten ablenken, tiefer liegende Abflußöffnungen abdichten.
- Gefährliche Stoffe oder Chemikalien sicher lagern.
- Möbel und elektrische Geräte aus gefährdeten Räumen auslagern.
- Heizöltank gegen Aufschwimmen sichern (verstärkte Verankerung oder Beschweren mit Ballast, z. B. durch Erdabdeckung oder Sandsäcke).
- Entfernen Sie rechtzeitig Fahrzeuge aus gefährdeten Bereichen!
- Informieren Sie jedes Familienmitglied über getroffene Gefahrenvorsorge und richtiges Verhalten!
- Sprechen Sie über die Rollenverteilung im Ernstfall!
- Überprüfen Sie Ihre Notfallvorräte und ihre Lagerung!
- Überprüfen Sie Ihr Notgepäck!
- Dokumentensicherung usw.
- Bei Aufenthalt im Freien meiden Sie Bäume und Wälder. Achten Sie auf Gegenstände, die der Sturm losreißen kann!

◆ **Prüfen Sie Ihre Vorbereitungen!**

Hochwasser in Putim, Tschechische Republik, im Jahre 2002.

B. Hochwasser

In den letzten Jahren sind zunehmend Hochwasserlagen aufgetreten, die weite Landstriche unter Wasser setzten, die Evakuierung von Menschen und Tieren notwendig machte und erhebliche wirtschaftliche und existentielle Probleme für die Bevölkerung nach sich zogen.

Auf verschiedenen Ebenen, unter anderem durch Erhöhung der Deiche, neue Flutgebiete, De-Regulierungen von Flußsystemen, versuchen die Behörden, die Gefahr von Hochwasserlagen zu mindern.

Das Wetter kann der Mensch allerdings nicht regulieren, und dieses wird offensichtlich immer unberechenbarer. So treten plötzlich neben den großen überregionalen Hochwasserlagen auch lokal eng begrenzte Notsituationen durch schwere Regenfälle auf. Häufig läuft dabei nur der Keller voll, für die Betroffenen ärgerlich, mitunter aber auch einhergehend mit beträchtlichen Schäden. Durch Stürme und andere Wetterphänomene bedingt, werden allerdings zunehmend auch die Infrastruktur und die Versorgung in Mitleidenschaft gezogen, beziehungsweise fällt letztere sogar aus.

Grundsätzlich ist für Hausbesitzer zu empfehlen, in regelmäßigen Abständen und auf jeden Fall nach schweren Wetterlagen Grundstück und Haus zu kontrollieren.

- **Besondere Gefahren bei Hochwasser:**
  - Wasser kann Wege, Brücken und Dämmen unterspülen. Vorsicht beim Betreten von gefährdeten Bereichen!
  - Schadstoffe wie Heizöl, Chemikalien, Pflanzenschutzmittel u.a. können austreten und die Umgebung verschmutzen. Verständigen Sie bei Austritt von Schadstoffen die Feuerwehr!
  - Achtung! Beim Austritt von Schadstoffen, auch beim Überlaufen der Kanalisation kann Trinkwasser verunreinigt werden.

- **Zusätzlicher Hinweis zu Kraftfahrzeugen:**
  - Befahren Sie keine überfluteten Straßen!
  - Steht das Fahrzeug über die Räder im Wasser, sollte es nicht mehr gestartet werden, es drohen Motorschäden, auch der Keramikeinsatz des Katalysators kann zerspringen. Warten Sie auf das Ablaufen des Wassers, und lassen Sie das Fahrzeug gegebenenfalls in einer Werkstatt überprüfen!

- **Nach dem Unwetter**
  - Verletzten Personen Erste Hilfe leisten.
  - Notruf auslösen.
  - Nach dem Unwetter sollten Sie Haus und Grundstück sorgfältig auf eventuelle Schäden kontrollieren.
  - Bei Gebäudeschäden die Feuerwehr oder das THW informieren. Nur unter Anleitung und Sicherung das Gebäude betreten oder wenn es freigegeben wurde.
  - Bei Dachschäden auf lose Dachpfannen achten. Halten Sie sich außerhalb des Gefährdungsbereichs auf! Sichern Sie den Gefahrenbereich!
  - Elektrische Geräte erst nach Überprüfung in Betrieb nehmen. Achtung! Nasse Elektrik führt zu Kurzschluß und Ausfall oder Zerstörung des Gerätes.

Hochwasser in Schlottwitz im August 2002. Die in die Elbe mündende Müglitz schwoll binnen Stunden um ein Mehrfaches ihrer sonstigen Größe und hinterließ verheerende Schäden. Foto: Harald Weber.

- Entfernen Sie Wasserreste und Schlamm! Betroffene Räume erst leer pumpen, wenn das Hochwasser abgeflossen ist.
- Trocknen Sie betroffene Bereiche schnellstmöglich, um Bauschäden und Schädlingsbefall entgegenzuwirken! Heizgeräte zum Trocken einsetzen.
- Überprüfen Sie Heizöltanks auf Schäden!
- Bei Freisetzung von Schadstoffen wie Pflanzenschutzmitteln, Farben und Ölen verständigen Sie die Feuerwehr! Vermeiden Sie offenes Feuer!
- Entsorgen Sie verunreinigte Möbel und Lebensmittel!
- Obst, Gemüse oder Salat aus überschwemmten Gebieten nicht verzehren.
- Über Ihre Gemeinde und die Feuerwehr erhalten Sie weitere Informationen zum Katastrophenschutz. Bedenken Sie, daß viele ähnliche Sorgen und Fragen wie Sie haben. Sorgen Sie rechtzeitig vor!

C. Gewitter

Blitze setzen ein hohes elektrisches Potential frei, das die unmittelbare und nähere Umgebung gefährdet.

➢ **Verhalten bei Aufenthalt im Freien**
- Befinden Sie sich auf einer ebenen Fläche (Acker, Wiese o. a.), hocken Sie sich mit eng geschlossenen Füßen auf den Fußballen möglichst in eine Mulde. Bieten Sie so wenig Kontakt wie möglich mit dem Boden und machen Sie sich klein!
- Halten Sie Abstand von Bäumen und Baumgruppen, Masten und Antennen!
- Achtung! Der Mindestabstand zu Überlandleitungen sollte 50 Meter betragen.
- Befinden Sie sich im Auto, bleiben Sie darin. Im Auto sind sie geschützt! Berühren Sie keine blanken Metallteile. Das Fahrzeug wirkt wie ein Farradayscher Käfig und leitet elektrische Entladungen ab.

➢ **In Gebäuden**
- Suchen Sie nach Möglichkeit beim Herannahen eines Gewitters Schutz in einem Gebäude!

- Blitzschutzanlagen sind kein absoluter Schutz.
- Durch elektrische Entladung eines Blitzes kann es im Stromnetz zu Überspannungen kommen. Sicherungen mit Überspannschutz schützen Menschen und elektrische Geräte.
- Schalten Sie empfindliche elektrische Geräte, Fernseher und Computer aus, und trennen Sie die Stromversorgung vom Netz!
- Im Zusammenhang mit Gewittern können sehr starke Sturmböen auftreten, sowie Regen und Hagel. Sichern Sie das Gebäude, schließen Sie Fenster und Türen!
- Beobachten Sie Ihre Umgebung!

> **Nach dem Gewitter**
- Ein Blitzeinschlag kann in und an einem Gebäude erhebliche Schäden verursachen.
- Prüfen Sie nach dem Gewitter das Gebäude (z. B. lose Dachziegel) und Bäume!
- Ziehen Sie unter Umständen Fachleute zur Begutachtung heran! Sturmschäden sind häufig versichert.

D. Hagel und Stürme

Hagel und Wirbelstürme treten im Zusammenhang mit schweren Gewittern auf. In starken Windböen können Hagelkörner mit großer Geschwindigkeit fliegen und bei Menschen und Gebäuden sowie Fahrzeugen erhebliche Verletzungen und Beschädigungen verursachen.

Bei starkem Sturm und besonders bei Wirbelstürmen (Tornado) besteht darüber hinaus die Gefahr, daß Gegenstände umherfliegen.

In den letzten Jahren haben die Stärke und Unberechenbarkeit von Stürmen und das Auftreten von Wirbelstürmen deutlich zugenommen. Aus diesem Grund sollte man folgende Empfehlungen in jedem Fall berücksichtigen:
- Sichern Sie Türen, Fenster und gegebenenfalls Rolläden o.ä.!
- Der sicherste Ort bei einem Wirbelsturm ist der Keller.
- In leichter Bauweise errichtete Gebäude wie Garagen oder Schuppen, große Gebäude mit weiteren Hallen sind zu meiden.
- Meiden Sie den Schutz von Bäumen oder Wäldern!
- Befinden Sie sich im Freien, sollten Sie versuchen, feste Gebäude zu erreichen.
- Ist dies nicht möglich, suchen Sie eine Mulde oder einen Graben!

– Schützen Sie Kopf und Nacken mit den Händen, Aktentasche, Rucksack, Decke o.ä.!

Zum Verhalten in Katastrophensituationen können Sie auch Informationen über das deutsche Notfallvorsorge-Informationssystem deNIS erhalten (siehe Anlage).

◆ **Prüfen Sie Ihre Vorbereitungen!**

11. Brandschutz

A. Allgemeine Hinweise zum Brandschutz

Es gibt keinen absoluten Schutz vor dem Notfall oder der Katastrophe.

Vielem jedoch kann man vorbeugen oder die Folgen mindern. Insbesondere der Brandschutz ist häufig unzureichend in die persönliche Notfallvorsorge einbezogen.

Die Frage, ob in Ihrem Haus ein Feuerlöscher vorhanden ist, werden viele nur mit einem Achselzucken beantworten können. Die Frage nach der regelmäßigen Wartung sollte gar nicht mehr gestellt werden.

Brandschutz muß nicht teuer sein. Sprechen Sie mit dem Schornsteinfeger, fragen Sie den Elektriker nach speziellen Formen der Sicherung gegen Überspannung, Kurzschluß, Kriechspannungen. Lassen Sie sich von Brandschutzexperten über geeignete Maßnahmen beraten! Häufig gibt es diese Experten bei der örtlichen Feuerwehr, also Ihrem Nachbarn.

Ob durch Verwendung schwer brennbarer Baustoffe, Feuerschutztüren in Heizungskellern, Montage von Rauchmeldern oder eines Feuerlöschers an übersichtlicher Stelle können die Gefahren für Menschen und Sachwerte erheblich verringert werden.

Brandschutzleute, Fachleute wie Elektriker beraten gern über neue Entwicklungen von feuerbeständigen Baustoffen.
Oben: So darf es nicht sein; eine Internet-Werbung der Schweizer Firma Markus Rupp (www.kaminfeger-rupp.ch).
Unten: Das Produkt Poroton T-9: Nach drei Stunden Beflammung mit über 1000 Grad erhöhte sich die Temperatur auf der vom Feuer abgewandten Seite der POROTON-T9®-Wand durchschnittlich nur um 1 Grad.

➢ **Hinweise zum vorbeugenden Brandschutz:**
- Leicht brennbares Material entfernen oder sicher lagern!
- Dachboden von allen überflüssigen Dingen, insbesondere leicht brennbaren Materialien, entrümpeln.
- Löschmittel bereitstellen, z. B. Feuerlöscher, Wasserschlauch, Eimer, Löschdecke, Schaufel usw.
- Feuerlöscher regelmäßig warten und prüfen lassen.
- Handhabung von Löschgeräten und Löschmitteln üben.
- Offenes Feuer oder ähnliche Gefahrenquellen nie unbeaufsichtigt lassen.

Auch bei aller Vorsorge – in großflächigen Krisensituationen kann sich die Zahl möglicher Brände vervielfachen. Die Einsatzkräfte der Feuerwehren werden dann eindeutig überlastet sein. Häufig genug hat man es auch schon erlebt, daß Straßen zum Beispiel durch Barrikaden unpassierbar gemacht wurden und die Retter nicht zum Einsatzort fahren konnten.

In diesem Fall sind Sie auf sich allein angewiesen, und es kommt auf Ihre schnelle Reaktion an, den Brand zu löschen, bevor er um sich greift.

Dazu benötigen Sie nur wenige einfache Geräte, die an gut zugänglicher Stelle erreichbar sein sollten.

A. Verhalten bei einem Brand

➢ **Wenn es brennt...**
- Menschen retten.
- Feuerwehr alarmieren (Telefon 112).
- Tiere retten.
- Löschversuche, falls ohne Selbstgefährdung möglich.
- Betreten Sie keine verqualmten Räume, da Gefahr von tödlichen Brandgasen!
- Bei Gefahr durch elektrischen Strom – vor Löschbeginn abschalten.
- Von unten nach oben und von der Seite zur Mitte hin löschen.
- Brennendes Fett oder flüssige Brennstoffe auf keinen Fall mit Wasser löschen.

◆ **Prüfen Sie Ihre Vorbereitungen!**

B. Verhalten bei Waldbrand

Natürlich gibt es auch in unseren Breiten Waldbrände. Es gibt auch immer wieder extreme Trockenperioden, die das Entstehen großer Brände begünstigen, wie zum Beispiel 1975 in der Lüneburger Heide.[48] Doch im allgemeinen ist durch verbesserten Katastrophenschutz und wirksame Brandbekämpfung eine größere Brandkatastrophe heute unwahrscheinlich.

Die Situation würde sich beim Einsatz von Atomwaffen, aber auch von konventionellen Kampfmitteln wie Aerosolbomben (Benzinbomben) und anderen Kampfmitteln (Napalm) ändern.[49] Hierzu gibt es nur wenige Ratschläge in militärischen Handbüchern. Hoffen wir, daß es dazu nicht kommt!

Brand in der Lüneburger Heide im Jahre 1975.

---

[48] Der Brand in der Lüneburger Heide war der bislang größte Waldbrand in der Geschichte der Bundesrepublik Deutschland. Etwa 15 000 Feuerwehrleute versuchten das auch durch Brandstiftung an verschiedenen Stellen ausgebrochene Feuer zu bekämpfen. Erst der Einsatz der Bundeswehr mit 11 000 Soldaten und schwerem Gerät brachte das Feuer zum Erliegen. Fünf Feuerwehrleute starben während des Einsatzes.

[49] Siehe dazu http://de.wikipedia.org/wiki/Aerosolbombe, Geschichte - FAZ v. 24.09.2007 http://www.faz.net/s/Rub163D8A6908014952B0FB3DB178F372D4/Doc~E7CEB1CC7C01A4856987DD45719E4959F~ATpl~Ecommon~Scontent.html?rss_aktuell

Brandschutz

➢ **Grundsätzlich kann man vor einem Brand fliehen, vor einer Feuerwalze nicht.**
  – Beachten Sie die Windrichtung!
  – Sollte in der Nähe ein Gewässer sein, so versuchen Sie, dieses zu erreichen, auch wenn Sie quer zum Feuer laufen müssen!
  – Tücher anfeuchten und als Atemschutz benutzen.
  – Sollte kein Gewässer in der Nähe sein, tiefer gelegene, nach Möglichkeit feuchte Stelle aufsuchen.
  – Brennbares Material entfernen und eine Brandschneise um sich herum schaffen.
  – Achten Sie darauf, daß keine Äste oder anderes Material auf Sie fallen können!
  – Im Notgepäck sollte eine Aluminiumdecke enthalten sein (Typ gold/silber). Breiten Sie diese über sich und Ihrem Notgepäck aus, und warten Sie so das Feuer ab!
  – Kleine und flache Höhlen meiden.
  – Behalten Sie die Nerven! Sie haben eine Chance!

◆ **Prüfen Sie Ihre Vorbereitungen!**

12.
Der ABC-Fall

Verhalten bei Bombenanschlägen, Atomunfall, biologischen und chemischen Gefahren

A. Verhalten bei Bombenattentaten

Bombenanschläge sind immer noch das am häufigsten benutzte Mittel von Terroristen. Grundsätzlich gilt es, Ruhe zu bewahren!

> **Was kann ich jetzt tun? Wo kann ich mich erkundigen?**
> - Jede Organisation verfügt über Notfall- und Katastrophenpläne. Machen Sie sich mit diesen Plänen vertraut!
> - Fragen Sie den Sicherheitsbeauftragten im Betrieb oder die Feuerwehr in Ihrer Gemeinde!
> - Verhalten in verdächtigen Situationen, z. B. verdächtige Personen und/oder Gepäckstücke, auffällige Fahrzeugbewegungen.
> - Verlassen Sie umgehend den gefährdeten Bereich!
> - Verständigen Sie die Polizei unter 110 oder die Feuerwehr unter 112!
> - Geben Sie dem verantwortlichen Beamten präzise Auskünfte:
>   Name,
>   Standort,
>   kurze Beschreibung.

> **Verhalten während eines und nach einem terroristischen Angriff?**
> - Verlassen Sie umgehend den gefährdeten Bereich!
> - Vermeiden Sie jegliche Behinderung der Rettungskräfte!
> - Befolgen Sie die Anweisungen von Polizei und anderen Sicherheitskräften!
> - Meiden Sie Menschenansammlungen, einzelne Personen- und Lastkraftwagen! Diese können weitere Sprengsätze enthalten.
> - Vorsicht nach einem Anschlag! Von beschädigten Gebäuden können Gebäudeteile herabfallen, der Mindestabstand von Hochhäusern sollte 200 Meter betragen.

> **Sollten noch keine Rettungskräfte eingetroffen sein:**
> - Rettungskräfte können nach einem terroristischen Anschlag verspätet eintreffen.
> - Helfen Sie verletzten Personen, und bringen Sie diese nach Möglichkeit aus dem gefährdeten Bereich! Bitten Sie andere Personen, Ihnen zu helfen!
> - Falls Sie verletzt sind, aber gehen können, entfernen Sie sich vom

Ort des Geschehens, und begeben Sie sich in ärztliche Behandlung!
- Sie sollten unbedingt ein Krankenhaus oder einen Arzt aufsuchen, bei:
  • Blutungen,
  • Atemproblemen,
  • ständigem Husten.
  • Schmerzen beim Gehen oder wenn Sie Arme oder Beine bewegen.
  • Brust-, Bauch- oder Rückenschmerzen,
  • Kopfschmerzen,
  • verschwommenem Sehen oder brennenden Augen,
  • anhaltend trockenem Mund,
  • Erbrechen oder Durchfall,
  • rauher oder brennender Haut,
  • Hörschwierigkeiten,
  • Verletzungen, die zu Schwellungen, Schmerzen oder Rötungen führen.

➤ **Wo soll ich nach Hilfe suchen?**
- Wenn Sie sich trotz der Verletzung noch in der Lage fühlen, ein entferntes Krankenhaus aufzusuchen, so sollten Sie das tun. Bei Anschlägen mit vielen Opfern werden die Krankenhäuser der näheren Umgebung überlastet sein, mit entsprechend langen Wartezeiten und medizinisch-organisatorisch bedingten Schwerpunkten.
- Zögern Sie auch nicht vor einem Besuch des Arztes oder Krankenhauses, da sich nach Abklingen von Schockerlebnissen häufig noch Verletzungen verschiedener Art zeigen. Unfallärzte werden dies bestätigen können.

➤ **Der ABC-Fall – Generelle Empfehlungen für die nachfolgenden Szenarien**
- Bringen Sie sich und Ihre Familie so schnell wie möglich in geschützte Räume! Informieren und warnen Sie Nachbarn u. a. in Ihrer unmittelbaren Umgebung!
- Schalten Sie Radio oder TV ein, und achten Sie auf die Durchsagen der Behörden!
- Bringen Sie Tiere und wichtige Gegenstände in Sicherheit, sofern dafür noch Zeit vorhanden ist!

B. Verhalten bei einem Atomwaffeneinsatz, Atomunfall, ›schmutzige Bombe‹

Es wird viel über die Gefahren der Atomindustrie, von Atomwaffen und Radioaktivität geschrieben, leider häufig ohne Sachkenntnis. Doch irrationale Ängste sind ein schlechter Ratgeber, von Politik und Medien manipulierte Informationen taugen nicht zu einer wirklichen Gefahrenabschätzung – im positiven wie im negativen Sinne.

Radioaktivität ist etwas, was unsere Sinne nicht wahrnehmen können. Vielleicht entstehen daraus auch viele hysterische Reaktionen, selbst bei Wissenschaftlern.

Doch auch hier gilt: *Der eine stirbt daran, der andere wächst, es kommt auf die Dosis an.* Dieser Satz eines sehr bekannten Physikers, im privaten Rahmen gesagt, umreißt die Problematik. Das Nachrichtenmagazin *Der Spiegel* titelte im November 2007: »Legenden vom bösen Atom«. In dem lesenswerten Artikel wurde mit einigen Legenden aufgeräumt, denn eine wissenschaftliche Forschungsarbeit des GSF-Forschungszentrums Neuherberg mit russischen Wissenschaftlern widerlegt die Schreckensszenarien von Umweltorganisationen und Politikern.[50] Das ernüchternde Fazit: »Die Schrecken sind weit geringer als gedacht.« Dies haben auch die amerikanisch-japanischen Studien zu den Atombombenabwürfen auf Hiroshima und Nagasaki ergeben, nur werden diese Studien bis heute nicht wahrgenommen. Nicht einmal die Mißbildung von Neugeborenen konnte belegt werden. Das Erschreckende an diesen Untersuchungen ist, daß der Einsatz von Kernwaffen, bislang integraler Bestandteil der ›allgemeinen Bedrohungspsychose‹, damit durchaus denkbar wird.

Die Gefahren radioaktiver Verseuchung sollen hier auf keinen Fall verharmlost werden, weder die kurzfristigen noch die langfristigen.

Der offensichtlich von den deutschen Behörden vertuschte und immer noch nicht geklärte Zwischenfall im Kern Forschungszentrum (GKSS) Geesthacht zeigt dies deutlich.[51] Auch die Leukämiefälle un-

---

[50] Matthias Schulz, »Legenden vom bösen Atom«, in: *Der Spiegel,* Heft 47/2007, S.160 ff. Eine Entgegnung zu diesem Artikel brachte mit den bekannten, sehr fraglichen Hochrechnungen die deutsche Sektion der Ärzte gegen den Atomkrieg IPPNW http://www.ippnw.de/article/20071126_IPPNW_widerspricht_SPIEGEL.html IPPNW spricht allein für Tschernobyl von 1 Million Helfern, von denen 90 Prozent erkrankt sind. Eine belegbare Studie gibt es dazu nicht.

[51] Stand Ende 2007 sind bisher in der Umgebung von Geesthacht (Elbmarsch) 18 Leukämiefälle bei Kindern registriert worden. Das ist die weltweit höchste Leukämierate (mehr als dreifach).

ter den NATO-Soldaten im Kosovo, die mit großer Wahrscheinlichkeit durch Uranmunition der amerikanischen Luftwaffe verursacht wurden, seien hier erwähnt.

Bei direkter Einwirkung von Strahlung, zum Beispiel bei einem Atomwaffeneinsatz, versagt der Ratgeber vor dem Grauen.

Viele Feuerwehren verfügen mittlerweile über ABC-Schutzausrüstungen, ebenso das Technische Hilfswerk, spezielle Betriebsfeuerwehren und die Bundeswehr.

Im Ernstfall also gut gerüstet zu sein reicht aber bei weitem nicht für eine größere Katastrophen- bzw. Notlage. Dazu schätzt das *Deutsche Ärzteblatt* ein:

»Die Möglichkeiten der Personendekontamination dürfen nicht überschätzt werden. So hat die derzeit modernste ›Dekontaminationsausstattung Personen‹ der Bundeswehr, die innerhalb von 15 Minuten einsatzbereit sein kann, eine Kapazität von 54 Personen pro Stunde.«[52 u. 53]

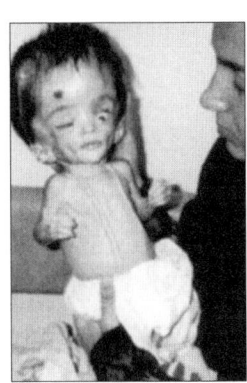

Urangeschädigtes Kind im Irak.

Diese Einschätzung soll keine Verunsicherung bringen, sondern Ihre Bereitschaft zur Vorsorge.

1. Die atomare Bedrohung

»Zur atomaren Bedrohung zählen der Einsatz von Gefechtsfeldwaffen mit direkter Druck-, Hitze- und Strahlenwirkung sowie Kombinationsschäden und indirekter Wirkung durch radioaktiven Niederschlag, der kombinierte Einsatz von konventionellem Sprengstoff und radioaktivem Material als ›schmutzige Bombe‹ sowie die individuelle oder lokale Ausbringung von Strahlenquellen.«

In der Auflistung des *Deutschen Ärzteblattes* wurde nur eines vergessen: die Megatonnen-Bombe. Militärs und Politiker wissen allerdings, daß mit ihrem Einsatz die gegenseitige totale Vernichtung droht. Doch wissen das alle?

In erster Linie sind Atomwaffen ein Problem unserer Zivilisation, das sich die atomwaffenbauenden Länder selbst geschaffen haben. Jetzt ruft man laut, die Büchse der Pandora wieder zu schließen. Der angebliche atomwaffenbesitzende Irak diente zum Massenmord an

---

[52] *Deutsches Ärzteblatt* print http://www.aerzteblatt.de/v4/archiv/artikeldruck.asp?id=41131
[53] Ebenda.

Hunderttausenden Irakern, jetzt wird unter dem Beifall der Presse und interessierter Kreise der Angriff auf den Iran vorbereitet, vielleicht ist er ja bereits im Gange, wenn Sie dieses Buch lesen.

Nichtverbreitung von Atomwaffen ist ein Zauberwort – würden sich alle daran halten.

Es wird jedoch nicht mehr gelingen!

Heute sind mindestens 50 Länder in der Lage, innerhalb weniger Wochen Atomwaffen zu bauen, auch Deutschland, auch die Schweiz.[54] Der Mythos eines milliardenschweren Atomprogramms, wie er heute immer noch vom US-Manhattan-Projekt auf unsere Zeit übertragen wird, ist allzu durchsichtige Propaganda. Erstaunlich ist nur, daß man diesem in den Medien immer noch folgt.

Es geht einfacher, nur soll das keiner wissen. Die ersten Versuche mit kleinen und billigen Kernwaffen reichen ins Deutschland des Jahres 1943/44 zurück.[55]

In seinem neuesten Buch *Zwischen den Fronten* stellt Peter Scholl-Latour die richtige These auf: »Wer keine Atombombe hat, wird erpreßbar.«

Scholl-Latour weiß, worüber er spricht, und er ist heute einer der seltenen Glücksfälle des Journalismus. Mit einigem Nachdenken wird jeder selbst darauf kommen.

Ganz anders dagegen ein Bericht des BND:[56]

»Die massiven Aufrüstungsbemühungen verschiedener Drittweltstaaten im Bereich der atomaren, biologischen und chemischen Waffen (ABC-Waffen) und bei Raketen werden seit geraumer Zeit weltweit mit wachsender Besorgnis beobachtet. Die damit einhergehende Verbreitung (Proliferation) dieser Massenvernichtungsmittel in Regionen außerhalb des Gebietes der NATO und des ehemaligen Warschauer Paktes bedeutet eine ernsthafte und wachsende Bedrohung des Weltfriedens.«

Es sei gleich angemerkt, daß der BND wider besseres Wissen auch die Version der amerikanischen Regierung über das irakische

---

[54] Kleinere taktische thermonukleare Atomwaffen unterliegen nicht dem Atomwaffensperrvertrag, da der Anteil an spaltbarem Material sehr klein ist.

[55] Rainer Karlsch, *Hitlers Bombe*, dtv, München 2008; Rainer Karlsch u. Heiko Petermann (Hg.), *Für und Wider Hitlers Bombe*, Waxmann-Verlag, Münster–New York 2007.

[56] http://www.bnd.bund.de/cln_007/nn_355380/SharedDocs/Publikationen/DE/Downloads/Dateien/proliferation,templateId=raw,property=publicationFile.pdf/proliferation.pdf

Atomprogramm in diesem Bericht nachplappert. Für wie dumm werden wir eigentlich gehalten? Sitzen die Terroristen möglicherweise ganz woanders?

In den deutschen Zeitungen stehen nach wie vor die negativen Einschätzungen der Politiker über das iranische Atomprogramm, wo doch die Wiener Behörde (IAEO) unbeanstandet die Atomanlagen der Iraner inspiziert und keinerlei Hinweis auf waffenfähige Anreicherungen gefunden hat. Dies sagte übrigens auch der Schwede Hans Blix vor dem ersten Irakkrieg, damaliger Chef der UNO-Kontrollkommission. Doch interessierte das offensichtlich niemanden, wie auch jetzt die Koalition der ›Willigen‹, allen voran auch unsere Bundesregierung, die der amerikanischen Variante (Bush-Aministration?) folgt und sich wider besseres Wissen zum Richter über das iranische Volk macht.[57]

Redet eigentlich jemand über die israelischen Atomwaffen (über 200 Stück) und die weitreichenden Trägermittel? Oder ist das tabu?

Angesichts der streng kontrollierten deutschen Medien – man kann es gar nicht oft genug betonen, denn der Bundesbürger wird für das teuerste Mediensystem der Welt auch noch kräftig zur Kasse gebeten – erfahren die Deutschen nur wenig Hintergründe. So kam am 30. August 2007 eine AGM-129 Advanced Cruise Missile mit einem W-80-1 Atomsprengkopf abhanden.[58] Nach amerikanischen Informationen wurden die Waffen entgegen allen Vorschriften transportiert. Interessanterweise starben alle sechs US-Airforce-Mitarbeiter, die mit dem Transport zu tun hatten, innerhalb von drei Wochen bei Unfällen, teilweise mit Familienmitgliedern.[59] Dies sind keine Propagandanachrichten, sondern ist vom renommierten, unabhängigen Journalisten Seymor M. Hersh publiziert worden.[60]

---

[57] Hier noch einmal der Hinweis auf die Stellungnahme der 16 US-Geheimdienste vom 3. Dezember 2007, nach der es seit 2003 kein Atombombenprogramm im Iran gibt. http://afp.google.com/article/ALeqM5grnJudchNpqsWsQTsqfe8-2mkxwQ

[58] http://www.oregontruthalliance.org/?q=node/245, der W-80-1 Atomsprengkopf hat eine Sprengkraft zwischen 5 und 170 Kilotonnen (vgl. Hiroshima-Bombe 15 kt).

[59] http://arkansas.indymedia.org/newswire/display/21399/index.php
6 Air Force Pilots Die Mysteriously After Reporting Nuclear Incident, Mystery surrounds deaths of Minot airmen, 22. September 2007.

[60] http://www.newyorker.com/reporting/2007/10/08/
071008fa_fact_hersh?printable=true
SHIFTING TARGETS, *The Administration's plan for Iran,* by Seymour M. Hersh , OCTOBER 8, 2007

Die Waffensysteme waren für den Einsatz gegen den Iran scharf gemacht worden und wurden auf dem Weg dorthin von bislang unbekannter Stelle gestoppt. Unter den Operationsnamen ›ORCHARD‹ und ›CHECKMATE‹ sollte der Iran nach einem konstruierten Verteidigungsfall von vereinten israelischen und amerikanischen Streitkräften angegriffen werden. Nach Angaben des als sehr seriös und gut informiert geltenden Informationsdienstes *Wayne Madsen Report* lief die Aktion unter Umgehung des US-Außenministeriums und des Präsidenten, unter direkter Regie des Vice-Präsidenten Dick Cheney und hohen israelischen Geheimdienstoffizieren.[67]

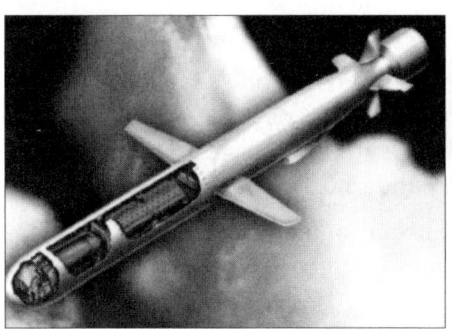 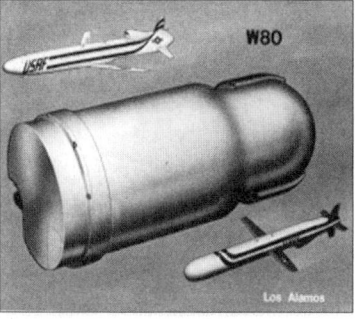

AGM-129 Advanced Cruise Missile mit W-80-1 Atomsprengkopf Abbildung aus http://www.globalsecurity.org/wmd/systems/w80.htm

Übrigens sind Fragen genau nach diesem Vorgang auch auf der Homepage des Grünen-Bundestagsabgeordneten Ströbele gestellt worden. Herr Ströbele hat sich zwar recht schnell und mit Verbotsmöglichkeiten winkend zu dem herbstlichen Einsatz von Laubgebläsen geäußert, diese speziellen Fragen blieben aber unbeantwortet.[56]

Ungeachtet der gelenkten politischen Propaganda gibt es aber ein tatsächliches Bedrohungspotential. Dieses ist sehr erst zu nehmen, sitzen wir in Deutschland doch sozusagen ›mittendrin‹. Während des Kalten Krieges war Deutschland als Kriegsschauplatz gedacht und heute...?

Wir wollen nicht so weit denken, doch gehört der Einsatz von taktischen Atomwaffen, aber auch von großflächigen strategischen Bomben (z. B. Streubomben) zu den Stabsplanungen jeder Armee. Die Militärs wissen, daß ein Atomkrieg nicht zu gewinnen ist.

Aber wissen das auch alle?

---

[61] http://www.waynemadsenreport.com/ u. http://en.wikipedia.org/wiki/Wayne_Madsen

[62] http://www.abgeordnetenwatch.de/hans_christian_stroebele-650-5853—f76981.html#frage76981 v. 27. Oktober 2007

Der bewußt herbeigeführte Niedergang der Sowjetunion hat entgegen vielen offenen und verdeckten Bemühungen des Westens nicht zu einem dauerhaften Siechtum Rußlands geführt. Heute steht es wahrscheinlich stärker als jemals zuvor mit Bodenschätzen und prall gefüllten Kassen vor unserer Tür. Rußland hat seinen ›Hinterhof‹ geordnet und mit China und anderen Ländern Ostasiens das ›Shanghai-Abkommen‹ geschlossen. Mittlerweile finden gemeinsame Militärmanöver statt.

Die offensichtlich amerikahörige deutsche Politik ordnet sich den US-Plänen unter und blockt Putins Kooperationsangebote ab. Vernunft ist da nicht im Spiel, eher Ängste und Machtspiele. Haben wir hier nicht wieder eine Bestätigung für die Feststellung:

> »die sich in Ehrfurchtsbezeigungen windende Liebedienerei der Höflinge und die kriecherische Servilität der späteren Terroristen Ausdrucksweisen ein und derselben knechtischen Untertanengesinnung, die es in dieser Form andernorts nicht gab«.[63]

Der Historiker Gervinus schrieb über die Gemeinsamkeiten des deutschen Kaiserreichs und des Hitlerschen Nationalsozialismus. Sind wir da wirklich weiter?

Der französische Staatspräsident Nicolas Sarkozy hat sich gerade vorbehaltlos zu den Plänen der USA bekannt und sich selbst als Freund Israels bezeichnet. Die völlige Abkehr von der früheren französischen Außenpolitik hat erstaunlicherweise in Frankreich noch niemand bemerkt. Damit ist die Achse Paris–Berlin–Moskau nun aber endgültig gestört. Rußland hat sich seit den Tagen des Bürgerkrieges noch nie in solch einer von Westeuropa isolierten Lage befunden und reagiert jetzt. Nacheinander sind von Rußland sämtliche Abrüstungsabkommen gekündigt worden.

Im November 2007 erfolgte die Ankündigung, daß Kurzstreckenraketen an die polnische Grenze verlegt werden. Der russische Bär erwacht! Gibt dies nicht zu denken? Für welche Interessen werden hier wieder die Messer gewetzt?[64]

Die USA führten in ihrer Geschichte über 120 Angriffskriege. Warum denen nicht einen weiteren hinzufügen? US-Vice-Präsident Che-

---

[63] Gervinus, Hans Bernd, *Der Anfang vom Ende,* Stuttgart 1971.

[64] Der vom Westen hochgejubelte Oppositionsführer Rußlands, der frühere Schachweltmeister Kasparow, ist ein nachgewiesenermaßen Vertreter der amerikanischen Neocons und handelt in ihrem Auftrag. Er ist seit 1991 Mitglied des Center for Security Policy, http://www.centerforsecuritypolicy.org/

ney, seine zionistischen Neocons und ihre Freunden in Europa scheinen genau dies zu wollen.

Der Phantasie des Militärs und seiner Wissenschaftler bei der Konstruktion von Kernwaffen sind keine Grenzen gesetzt. So gibt es die ultimativen strategischen Bomben mit Energiepotentialen im Megatonnenbereich, aber auch die kleinen taktischen Waffensysteme mit wenigen Tonnen Energieentwicklung.[65]

Für den Fall eines Atomwaffeneinsatzes gelten im Prinzip auch die allgemeinen Regeln zum Schutz vor Radioaktivität. Hier sollte man allerdings den geschützten Bereich zumindest eine Woche nicht verlassen, bis die unmittelbar auftretende Radioaktivität in Form von Schwebpartikeln in der Luft nachgelassen hat.

Beim Einsatz von Atomwaffen entsteht ein EMP (Elektro-Magnetischer Puls), der elektronische Bauteile in Radios, Fernsehgeräten, Computern und Autos vernichtet. Je nach Waffentyp ist der Wirkungsradius relativ klein, er kann aber auch, in großer Höhe gezündet, ganze Regionen betreffen. Das in diesem Fall äußerst wichtige Radio ist h zu schützen, indem man es mit einer dicken Schicht Aluminiumfolie umwickelt. Dazu reicht eine einfache Küchenrolle, die in jedem Haushalt vorhanden ist.

Das sogenannte µ-Metall (Mü-Metall) ist besser geeignet, jedoch in der Anschaffung teurer und im Notfall wahrscheinlich ohnehin nicht greifbar.

Einen absoluten Schutz vor Radioaktivität gibt es nicht. Doch sind für jeden im Notfall saubere Luft, saubere Nahrung und sauberes Wasser überlebenswichtig

Radionuklide zerfallen alle 7 Tage um 50 Prozent. Mit anderen Worten: Nach drei bis vier Wochen ist die Luft wieder sauber, und Sie können relativ ungefährdet wieder die Außenbereiche betreten.

Bei Atomwaffeneinsatz wird ein Großteil der Radioaktivität durch die Explosionssäule in höhere Schichten der Atmosphäre gesaugt. Vor der kurzfristig auftretenden gefährlichen Gammastrahlung können Sie sich in Kellerräumen, tiefer gelegenen Erdmulden, Höhlen u. a. schützen. Man hat sich über die Empfehlung des US-Energieministeriums aus den sechziger Jahren lächerlich gemacht, doch das ›Duck and cover‹ (Ducken und Bedecken) im freien Gelände macht Sinn, um

---

[65] Der Energieauswurf von Kernwaffen wird mit TNT-Äquivalent angegeben. Die Energie einer Atombombe/Granate o.a. setzt sich dabei aus direkter Strahlung (Gamma), Hitze und Druck zusammen. Je nach Bauart und militärischer Zielsetzung existieren unterschiedliche Konstruktionen.

sich vor der direkten Strahleneinwirkung zu schützen. Wer weiß heute schon in der allgemeinen Atomhysterie, daß bereits wenige Wochen nach dem Atombombenabwurf auf Hiroshima keine Radioaktivität mehr meßbar war. Die sogenannten ›Spätschäden‹, wie Mißbildungen bei Kindern, sind eine Legende des Kalten Krieges.[66] Trotzdem, Hiroshima und Nagasaki stehen mit über 200 000 Toten singulär in der ›Kulturgeschichte‹ der Menschheit. Der Verstand, aber auch das Mitleid, versagt bei solch einer Zahl.

Doch Sie können sich schützen!

Gefährlich sind der zeitnah zum Ereignis aufgewirbelte Staub und die radioaktiven Elemente, die sich in der Luft und auch im Regen befinden. Beim Einatmen radioaktiver Elemente besteht die Möglichkeit, daß sich diese in der Lunge einlagern und dort ihre schädliche Langzeitwirkung entfalten. Krebs kann eine der Folgen sein. Die weltweit meisten Toten wurden in der ersten Generation der Bergleute im deutschen Uranbergbau gezählt.

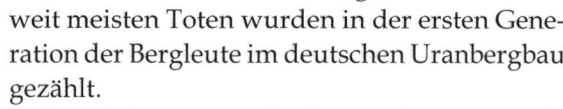

Zum Schutz vor radioaktiven Staubpartikeln sollten Luftfilter benutzt werden, sofern keine anderen qualifizierten Schutzmaßnahmen (Luftfilter in Gebäuden o.ä.) vorhanden sind. Bei zwingendem Aufenthalt im freien Gelände ist für die unmittelbare Zeit nach dem Ereignis ein Schutzanzug zu benutzen. Ist dieser nicht vorhanden, sollte man bei Betreten von Gebäuden oder Wohnungen die Kleidung wechseln und eine gründliche Dusche nehmen.

Die Hinweise bezüglich der Atemluft gelten in schwächerer Form auch für kontaminierte Lebensmittel. Nicht geschützte Pflanzen (z. B. durch Abdeckung) sollten nicht verzehrt werden oder unter fließendem Wasser gründlich gereinigt werden.

Lebensmittel in Dosen und Flüssigkeiten in abgeschlossenen Behältern, auch wenn sie im

---

[66] Amerikanisch-japanische Ärzteteams haben 3600 Schwangere erfaßt, die im Bereich des Atombombenabwurfs radioaktiver Strahlung ausgesetzt waren. Es wurden keine Fehlbildungen festgestellt. Die Studie hat bei 86 572 erfaßten Personen in Japan 700 vermutliche Strahlenopfer gezählt. Siehe *Spiegel*, »Legenden vom bösen Atom«, Nr. 47/2007.

Außenbereich intensiver Strahlung ausgesetzt waren, sind unproblematisch zu konsumieren.

Eine gewisse Kontrolle bieten handelsübliche Strahlenmeßgeräte. Sie sollten sich den Nullwert in Ihrer Region merken, das heißt den Wert der natürlichen Radioaktivität des Bodens. Dieser schwankt sehr stark von Region zu Region, er gibt aber einen Anhaltspunkt über das Vorhandensein und die Stärke der Sie umgebenden Strahlung.

- ➢ **Verhalten bei Gefahr eines Atombombeneinsatzes**
  - Beim Anzeigen einer Gefahr, zum Beispiel Sirenenton, sofort das nächste bewohnte Haus aufsuchen.
  - Sollte schon ein Ereignis im näheren Bereich geschehen sein, quer zur Windrichtung bewegen, Atemschutz benutzen, mit Tüchern o.ä. improvisieren.
  - Aufwirbeln und Einatmen von Staub vermeiden.
  - *Im Auto:* Fenster schließen, Lüftung oder Klimaanlage ausschalten, Radio mit lokalem UKW-Sender einschalten. Sofort zum nächsten bewohnten Haus fahren.
  - *Im Haus:* Bei Gefahr einer Kontamination mit radioaktiven Stoffen Oberbekleidung und Schuhe bei Betreten des Hauses wechseln, diese außerhalb des Wohn- oder Schutzbereichs aufbewahren.
  - Lokalen Radiosender auf UKW einschalten. Beachten Sie die Durchsagen der Behörden und Einsatzkräfte!
  - Informieren Sie die anderen Hausbewohner, nehmen Sie gefährdete Passanten auf!
  - Gesicht, Nase, Ohren, Haare und Hände intensiv unter fließendem Wasser waschen.
  - Suchen Sie so schnell wie möglich tiefer gelegene und/oder geschützte Räume auf!
  - Dichten Sie Fenster, Türen und andere Öffnungen gegen einströmende kontaminierte Luft ab! Abschalten von Klimaanlagen und Ventilatoren.
  - Vermeiden Sie unnötigen Sauerstoffverbrauch!
  - Nicht an Fenstern oder Türen aufhalten. Bei starker Luftdruckentwicklung könnten diese eingedrückt werden und Sie verletzen.
  - Telefonieren Sie nur in Notfällen!
  - Bleiben Sie im Gebäude, bis Entwarnung gegeben wird, oder be-

nutzen Sie die entsprechende Schutzkleidung! Dekontaminierung beachten.

➢ Achtung bei Verzehr von Gemüse, Obst, Trinkwasser usw. aus dem Außenbereich!

Sie dürfen nicht oder erst nach intensiver Säuberung konsumiert werden. Oberflächenwasser sollte nur im äußersten Notfall unter Verwendung von Filterpumpen getrunken werden.

➢ Sollten Sie die Möglichkeit haben, rüsten Sie Ihren Keller mit den notwendigsten Schutzeinrichtungen aus und lagern Sie trocken und sicher Schutzausrüstungen. Es muß kein Atombunker sein, den sich ohnehin nur wenige leisten können.

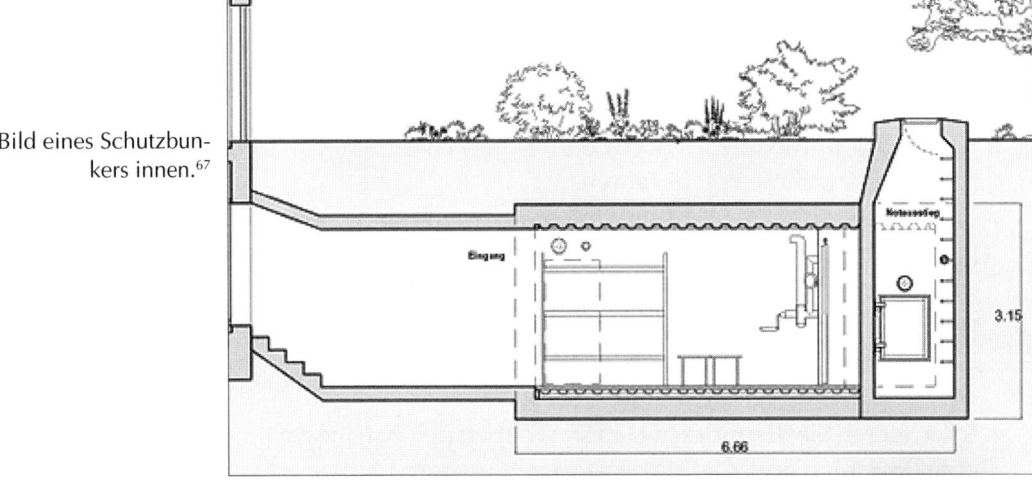

Bild eines Schutzbunkers innen.[67]

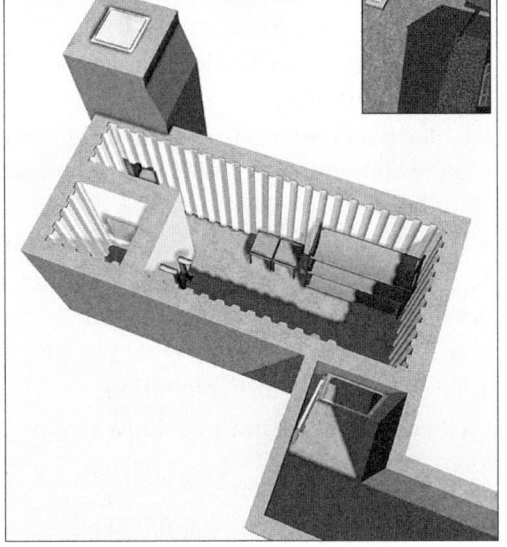

Die Hannoveraner Firma abcguard bietet Schutzräume mit Dekontaminationsschleuse unter anderem gegen atomare, biologische und chemische Kampfmittel, gegen Kastor-Transportunfälle, Reaktorunglücke, Erdbeben, Wirbelstürme und Lawinengefahren.

---

[67] http://www.abcguard.de/ Anbieter von kompletten mehrstufigen Schutzbunkern

In der Schweiz und in Österreich gibt es beim Neubau von Wohnhäusern die Pflicht zur Errichtung eines privaten Schutzraumes. »Jeder und jedem ein Schutzplatz«, so lautet der Grundsatz des schweizerischen Bundesamtes für Bevölkerungsschutz. Zwar ist die Notreserve an Lebensmitteln, früher für jeden Schweizer 2 Tonnen, komplett abgebaut worden, doch gibt es heute über 270 000 Personenschutzräume, zudem 3500 größere Schutzanlagen. Über 95 Prozent der Schweizer haben einen Platz in einem Schutzraum.

In Deutschland schreibt das Bundesamt für Bevölkerungsschutz und Katastrophenhilfe:

»Der Zivilschutz umfaßt alle Lebensbereiche und darf nicht nur als rein staatliche Aufgabe verstanden werden. Er wird immer auch auf die Selbsthilfe und die Initiative des Einzelnen angewiesen sein.«

Folgerichtig existieren in den Städten fast keine Schutzanlagen mehr, der ländliche Bereich ist nicht erfaßt.

2. Der Atomunfall

Im Prinzip gelten die obengenannten Regeln auch für den Störfall in einem Kernkraftwerk. Der wochenlange Ausstoß von Radioaktivität in die untere Atmosphäre aus dem offenen Reaktor von Tschernobyl hat eine intensive Strahlenbelastung nicht nur der unmittelbaren Umgebung und der sich darin befindlichen Menschen, sondern auch, mehr oder weniger abgeschwächt, der gesamten Atmosphäre verursacht. Wir wollen auf keinen Fall hier Abschätzungen über die Zahlen der Toten vornehmen, die von interessierten Kreisen immer wieder veröffentlicht werden. Es wird sie mit Sicherheit gegeben haben und immer weiter geben.

Atomkraftwerke sind unsicher – sie sind von Menschen gebaut und werden von Menschen betrieben, also sind sie fehlerbehaftet. Möglicherweise sind die deutschen Kernkraftwerke die sichersten der Welt, trotzdem treten auch hier immer wieder ernste Störungen auf.

Mit der Tschernobyl-Katastrophe haben wir bislang die schwerste Havarie eines Atomkraftwerks erlebt. Dort konnte man auch nicht mehr vertuschen.

Ganze Regionen mußten geräumt werden, der offene Reaktor schleuderte über Tage und Wochen seine gefährliche Fracht in die Atmosphäre und damit in die Welt, wenn auch hier wieder die Folgen der radioaktiven Verschmutzung durch Unverständnis und aus politischen Gründen dramatisiert wurden. Eine ganze Generation legitimierte ihre Protesthaltung aus dem ›AKW-nee‹ und trat den lukrativen Marsch durch die Institutionen an. Ihre Ideologen basteln heute an Feinstaubdoktrinen, Öko-Sprit und -Steuern. Wer hat da Interesse, sich zu korrigieren?[68]

So einzigartig auch Tschernobyl bisher in der Geschichte der Atomunfälle steht, eine Wiederholung dieser Katastrophe kann jeden Tag drohen. Wir sind von Atomkraftwerken umgeben, in Deutschland, in Europa, weltweit.

> Fallbeispiele: der permanente Fast-Gau

Knapp am Gau entlanggeschrammt – 19. 4. 2003[69]

»Mitteleuropa hat wieder einmal Glück gehabt: Im deutschen Atomkraftwerk Biblis A wurde ein Defizit »von großer sicherheitstechnischer Bedeutung« festgestellt, wie das deutsche Umweltministerium bekanntgab. Die Ansaugöffnung für Notkühlpumpen sei nur halb so groß wie vorgeschrieben. Im Klartext: Im Notfall kann der Reaktor nur mit halber Kraft gekühlt werden. Dadurch kann es zu einer Überhitzung des Reaktorkerns kommen – was wiederum zu ›massiven Freisetzungen von Radioaktivität‹ (Umweltministerium) führen kann. Bei einem Notfall droht im deutschen AKW Biblis also die Kernschmelze – der größte anzunehmende atomare Unfall. Ob die Ansaugöffnungen schon falsch eingebaut worden sind oder erst nachträglich auf eine gefährliche Größe verkleinert worden sind, ist unklar.«

Rohrleitung explodiert – 14. 12. 2001[70]

»Im deutschen AKW Brunsbüttel explodierte eine Rohrleitung mit der Sprengkraft einer Handgranate. Das Rohr befand sich in der unmittelbaren Nähe des Reaktorkerns. Die Belegschaft, die nicht in das Reaktorinnere hineinsehen kann, interpretierte erst die Anzeigen falsch und löste dann die falschen Maßnahmen aus. Das Management – immer noch von einer falschen Analyse ausgehend – meldete den Vorfall verspätet an die Behörden weiter und weigerte sich, den Reaktor abzuschalten, damit der Vorfall genau un-

Plakat aus dem Jahre 1980.

---

[68] Die Folgen des Tschernobyl-Unfalls sind sehr umfangreich untersucht worden und öffentlich zugänglich dokumentiert.

[69] *Tages-Anzeiger*, Mitteilung des deutschen Umweltministeriums BMU.

[70] *Der Spiegel*, Bericht des Bundesministeriums für Umwelt, Naturschutz und Reaktorsicherheit.

tersucht werden kann. Trotz massiven Drängens der Behörden kann die beschädigte Leitung erst zwei Monate später untersucht werden – und erst jetzt findet man heraus, daß es sich bei dem Vorfall um eine Explosion gehandelt hat. Eine Explosion, bei der sich schlußendlich nur noch ein einziges Ventil zwischen dem zerstörten Rohr und dem hochradioaktiven Herzen des Reaktors befindet und den Austritt von radioaktivem Dampf stoppt... Der Unfall gilt als schlimmster in der deutschen Atomgeschichte. *Der Spiegel* zitiert Experten und kommt zum Schluß: Bloß der Zufall hat eine Katastrophe verhütet.«

➢ **Millimeter trennen die Welt von einer Katastrophe** – 16. 2. 2002[71]
»Millimeter trennen die Welt von einer Katastrophe: Im US-amerikanischen AKW Davis-Besse wird – rein zufällig – ein Loch im Deckel des Reaktorbehälters entdeckt. Nur 5 Millimeter Stahl halten dem Druck des Reaktors noch stand – der Stahl wölbt sich bereits und steht kurz vor dem Platzen. Ein Bersten hätte zu einem furchtbaren Atomunfall führen können. ... bereits jetzt läßt sich sagen, daß sowohl Management als auch Aufsichtsbehörden in hohem Maß versagt haben.«

Die Beispiele ließen sich beliebig fortzuführen, man denke unter anderem an den Transformatorbrand im Hamburger Kernkraftwerk Brunsbüttel im Jahre 2007 und an die Beschwichtigungspolitik des Betreibers Vattenfall AG. Die Diskussion, ob nun Störfall oder nicht, geht am Problem vorbei.[72] Es kann jeden Tag geschehen!

Für den Fall einer großflächigen Kontamination durch eine Havarie in einem Atomkraftwerk, aber auch bei einem terroristischen Anschlag etwa mit einer ›schmutzigen Bombe‹ gibt es Schutz. Panik ist hier nicht angesagt, denn wir leben seit vielen Jahren mit einer globalen radioaktiven Verschmutzung. Auch setzen wir uns unbedenklich bei Fernflügen einer erhöhten radioaktiven Strahlung aus. Wie sagte doch der Physiker:

». . . es kommt auf die Dosis an. Für den einen ist sie tödlich, der andere merkt nichts und wird uralt.«

---

[71] World Information Service on Energy vom 22. März und 18. Oktober 2002.
[72] Es war kein Störfall! Interessierte und/oder nicht informierte Medien und Politiker ›kreierten‹ diesen nachträglich.

Doch wie schütze ich mich und meine Familie vor Radioaktivität?[73]

> **Verhalten bei Gefahr einer radioaktiver Kontamination**
> – Siehe unter ›Verhalten bei Gefahr eines Atombombeneinsatzes‹.
> – Grundsätzlich unterscheiden beide Katastrophenfälle nur die mögliche Schwere eines Atombombenabwurfs im Gebiet gegenüber der Dauer der radioaktiven Kontamination durch einen außer Kontrolle geratenen Reaktor.
> – Die Dauer des radioaktiven Auswurfs eines Kernkraftwerkes steht in direktem Zusammenhang zu der Dauer des Aufenthalts in entsprechenden Schutzräumen oder geschützten Räumen.

3. Die ›schmutzige Bombe‹

Seit längerer Zeit wird in den Krisenszenarien vom Einsatz einer ›schmutzigen Bombe‹ durch Terroristen ausgegangen.

Ungeachtet der Frage nach der tatsächlichen Gefahr durch terroristische Gruppierungen ist die Herstellung und Verbreitung einer solchen Bombe sehr einfach.

Bei diesem Typ Bombe wird mittels einer konventionellen Sprengladung radioaktives Material in der Umgebung verteilt und kann durch eingeatmeten Staub, Nahrungsmittel und anderes von Menschen und Tieren aufgenommen werden.

Ein Schutz vor dieser typischen Terrorwaffe ist grundsätzlich nicht möglich, da eine unbekannte Menge radioaktiven Materials seit Jahren in der Welt ›vagabundiert‹. Mittlerweile haben unsere westlichen Länder wohl auch genügend Bereitschaft für einen derartigen Terroranschlag provoziert. Das terroristische Ziel – Panik in der Bevölkerung und großflächige Kontaminierung eines Gebietes und damit verbunden größte Aufmerksamkeit – würde damit sicherlich erreicht.

Im Prinzip gelten bei der ›schmutzigen Bombe‹ die gleichen Regeln wie bei der Havarie eines Kernkraftwerkes.

4. Die Jod-Versorgung

Bereits kurze Zeit nach einem Reaktorzwischenfall oder einem anderen Ereignis mit der Freisetzung von Radioaktivität ist die Atemluft

---

[73] Militärische Handbücher geben recht anschaulich das Gefahrenpotential und die Schutzmaßnahmen wieder. Zum Beispiel Manfred Hoffmann, *Kernwaffen und Kernwaffenschutz*, Militärverlag der DDR, 1973, 1. Auflage. Die 4. Auflage erschien erweitert 1987.

mit besonders aggressivem radioaktiven Jod belastet. Das strahlende Jod wird vom Körper gezielt in die Schilddrüse eingelagert, führt dort zu chronischen Schilddrüsenentzündungen und kann auch Krebs auslösen.

Durch die rechtzeitige Einnahme von Tabletten mit hochdosiertem nicht-radioaktiven Jod (130 mg Kaliumiodidtabletten) wird die Aufnahme des radioaktiven Jods durch die Schilddrüse weitgehend blockiert. Die Aufnahme gilt als wirksamer und nebenwirkungsfreier Schutz. In der Bundrepublik werden Jodtabletten im Umkreis von 10 bis 25 Kilometern um ein Atomkraftwerk vorrätig gehalten.[74] Für eine großflächige und frühzeitige Verteilung wie in der Schweiz ist keine Vorsorge getroffen worden.[75] Es existieren auch keine Pläne zur Evakuierung außerhalb des 25 km-Kreises.

Hier müssen natürlich Fragen zu der Ernsthaftigkeit des derzeitigen Katastrophen- und Zivilschutzes gestellt werden, denn

- Was geschieht z. B. in Brunsbüttel mit den angrenzenden Hamburger Stadtteilen im Falle einer Havarie?
- Die Tschernobyl-Wolke zog über Skandinavien, dann über Deutschland bis nach Südfrankreich (und dann verdünnt rund um den Globus). Ist der 25 km-Gefährdungsradius nicht zu kurz gegriffen?

In der Schweiz wurden die Tabletten direkt an die Haushalte verteilt, die sich im 25 km-Radius um die Atomkraftwerke befinden.[76]

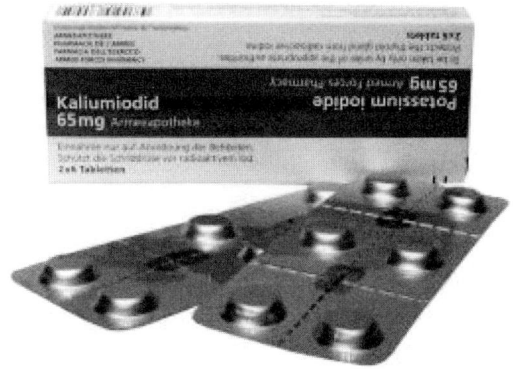

Abbildung einer Packung Kaliumiodidtabletten.

---

[74] http://www.innenministerium.baden-wuerttemberg.de/fm/1227/Jodmerkblaetter_Bevoelkerung.pdf
[75] Stellungnahme des IPPNW zur Jodversorgung http://www.ippnw-ulm.de/text_archiv-2000-jod+kat.htm
[76] Siehe Packungsbeilage der Schweiz http://www.kaliumiodid.ch/inhalt/downloads/kaliumiodid_patienteninformation_d.pdf

Natürlich darf man von Jodtabletten keine Wunder erwarten. Sie sind nur ein erster Schutz für eine Gefahr, die leider auftreten kann. [78]

◆ Prüfen Sie Ihre Vorbereitungen!

C. Biologische und bakteriologische Gefahren

> EU warnt vor Bioterrorismus

Die EU-Kommission fordert die Mitgliedsstaaten auf, sich gemeinsam gegen Anschläge mit biologischen Kampfstoffen zu wappnen. Die terroristische Bedrohung sei eine Realität, meinte der für die Justizpolitik zuständige Kommissar Frattini im Dezember 2007 bei der Veröffentlichung eines Grünbuches, das er gemeinsam mit EU-Gesundheitskommissar Kyprianou vorstellte. Obwohl Terroristen bisher nur konventionelle Sprengstoffe oder selbstgebaute Bomben eingesetzt hätten, könne nicht ausgeschlossen werden, daß sie in Zukunft auf biologische Waffen zurückgriffen.[78]

»Das biologische Bedrohungsszenario umfaßt den Einsatz folgender Erreger oder Toxine: Milzbrand (Anthrax), Pocken, Pest, Tularämie, Ebola, Botulismus-Toxin und Rizin. Wesentliche chemische Bedrohungen sind Nerven- (Tabun, Sarin, Soman, VX), Haut- (S-Lost, N-Lost, Lewisit), sogenannte Blut- (Gifte der Zellatmung, zum Beispiel Blausäure), Nasen-Rachen-, Lungen- (Phosgen, Chlorpikrin) und Psychokampfstoffe.«[79]

Die Gefahr eines terroristischen Angriffs mit bakteriologischen Mitteln scheint allerdings nach Einschätzung internationaler Experten relativ gering.[80]

---

[77] IPPNW-Mitglied Dr. Rainer Stephan – http://www.ippnw.de/Atomenergie/Atomkongress/article/Katastrophenschutz_-_Fehlanzeige.html
http://www.ippnw.de/Atomenergie/Atomkongress/stephan1.html
[78] *Frankfurter Allgemeine Zeitung*, 12. Juli 2007, startete eine Initiative der EU, »um die Fähigkeit der EU zu verbessern, biologischen Unfällen oder Anschlägen vorzubeugen, auf sie zu reagieren und sich von ihnen zu erholen«.
[79] *Deutsches Ärzteblatt* print http://www.aerzteblatt.de/v4/archiv/artikeldruck.asp?id=41131
[80] http://www.oxfordresearchgroup.org.uk/publications/briefings/terroroutline.htm Waiting for Terror: How Realistic is the Biological, Chemical and Nuclear Threat?, Dr. Frank Barnaby, October 2001.

Die Gefahr droht eigentlich nicht durch Terroristen, sondern ist selbst produziert. Durch jahrelangen Mißbrauch von Antibiotika sind die natürlichen Abwehrkräfte der Menschen in der westlichen Welt erheblich geschwächt.

Immer häufiger erweisen sich Antibiotika als unwirksam gegen multiresistente Keime. Heute nehmen wir in vielfältiger Form Antibiotika auf, sei es durch Trinkwasser oder durch Lebensmittel, insbesondere durch Fleisch. Kommt es dann zum Ernstfall, das heißt, verschreibt der Arzt Antibiotika, so muß er mittlerweile prüfen, ob der Kranke überhaupt auf das verschriebene Mittel anspricht. Die USA haben mittlerweile den Einsatz von Antibiotika unter strenge Aufsicht gestellt, da die Bevölkerung sich zunehmend als resistent erweist. In Deutschland darf jeder Arzt frei entscheiden, was auch vielfach auf Verdacht, sprich ohne nähere Diagnose, geschieht, nicht immer zum Wohl des Patienten.

Pestarzt, 1656, Kupferstich nach Paulus Fürst.

Das hat unter anderem zur Folge, daß die längst aus unseren Breitengraden verbannte Krankheit Tuberkulose wieder zurückgekommen ist, und dies in einer besonders aggressiven Mutation des Erregers.[81]

> **Weltgesundheitsbericht 2007: Sorge um globale Ausbreitung von Infektionskrankheiten, Genf, 23. August 2007**

Der Bericht der Weltgesundheitsorganisation WHO stand unter dem eindeutigen Motto: »A safer future: global public health security in the 21st century«.

»Eine sicherere Zukunft: Globale öffentliche Gesundheitssicherung im 21. Jahrhundert.«

Wenn nun auch im Gesundheitsbereich von globalen Gefahren gesprochen wird, so ist dies berechtigt. Deutlich warnt die WHO in ihrem Bericht vor der steigenden Bedrohung durch alte und neue Krankheitserreger. Seit 1967 sind mindestens 39 neue Erreger registriert worden, und bei über zwei Milliarden Flugreisen im Jahr ist der Schritt von einer kleinen Epidemie zur weltumspannenden Pandemie nicht weit.

---

[81] http://www.who.int/mediacentre/news/releases/2007/pr44/en/index.html,
http://www.who.int/whr/2007/en/index.html

SARS (Severe Acute Respiratory Syndrom), eine Infektionskrankheit, die erstmals im November 2002 beobachtet wurde.

Sehr anschaulich zeigte dies die Ausbreitung der SARS im Jahre 2003. Innerhalb weniger Tage gelangte die Krankheit von Hongkong ins kanadische Toronto. Aufgrund strikter Quarantäneauflagen konnte das Schlimmste verhindert werden, doch es war ein Warnsignal. Der wirtschaftliche Schaden betrug allein in Ostasien etwa 60 Milliarden US-Dollar. WHO-Generaldirektorin Margaret Chan mahnte aus diesem Grund erneut die internationale Zusammenarbeit an, bezweifelte aber gleichzeitig den praktischen Willen zur Kooperation. Wir kennen heute HIV, Ebola und SARS, den neuen multiresistenten Tuberkulose-Erreger XDR-TB, das Vogelgrippe-Virus H5N1, das Marburg Fieber und vielleicht noch ein oder zwei exotische Erreger. Den meisten stehen wir und unsere Ärzte aber ahnungslos gegenüber.

Der Weltgesundheitsbericht endete darum mit einer klaren Botschaft: Angesichts der Gefahr weltweit auftretender Infektionskrankheiten sind verstärkte gemeinsame Anstrengungen aller Länder notwendig, um dieser Gefahr zu begegnen.

Eine wichtige Quelle für weitere Informationen stellt das internationale Netzwerk GOARN (Global Outbreak Alert & Response Network) dar.[82] Der Zusammenschluß aus UNO-Organisationen, dem Internationalen Roten Kreuz und verschiedenen staatlichen Forschungseinrichtungen soll ein erster Schritt zur frühzeitigen Identifizierung und Bekämpfung epidemischer Krankheiten sein.

> **Doch wie sieht es in Deutschland mit der Abwehr biologischer Gefahren aus?**

Im Falle einer Epidemie, wie sie zum Beispiel mit der glücklicherweise nicht stattgefundenen Vogelgrippe drohte, dürften Kapazität und Leistungsvermögen schnell überfordert sein. In den vorangegangenen Kapiteln wurde auf den Abbau der medizinischen Notfallvorsorge in Bund und Ländern hingewiesen.

Ob durch natürliche Verbreitung oder gezielten terroristischen Anschlag – mehr als jemals zuvor droht heute die Gefahr einer zivilisationsbedrohenden Epidemie.

Dabei muß die Frage erlaubt sein, was oder wer gefährlicher ist: die Forschung an Biowaffen in einigen Ländern, oder Terroristen, oder die durch Antibiotika-Mißbrauch geschwächte Immunabwehr der Menschen?

---

[82] http://www.who.int/csr/outbreaknetwork/en/

Der Zwischenfall in einem amerikanischen Labor zeigt die Gefahr auf.[83]

Dort wie auch in anderen Laboren arbeiten Forscher seit langem mit sogenannten ›Hybridviren‹. Das sind unter anderem Vogelgrippe-Erreger, die sorgfältig ausgewählte Bruchstücke des menschlichen Grippevirus enthalten. Die Arbeit mit ihnen ist umstritten; angeblich dient sie der Entwicklung von Gegenmitteln. In einem der eigens für solche Forschungen ausgerüsteten Hochsicherheitslabors in Texas kam es 2006 zu einer Freisetzung von Viren. Laut Laborangaben gab es keine Gefährdung der Umwelt.

Doch wie sicher sind derartige Labore? Es sei nur an die Anthrax-Anschläge in den USA erinnert. Vermutlich wurden sie von einem Wissenschaftler verübt, der Zugang zu diesen Viren hatte. Bei der unlängst in Großbritannien ausgebrochenen Maul-und-Klauen-Seuche (September 2007) besteht der dringende Verdacht, daß der Erreger aus einem Labor kam.[84]

Zeit-Fragen
Wochenzeitung für freie Meinungsbildung, Ethik und Verantwortung für die Bekräftigung und Einhaltung des Völkerrechts, der Menschenrechte und des Humanitären Völkerrechts

In ihrer Ausgabe Nr. 32 vom 13. August 2007 behauptete die Schweizer Wochenzeitschrift *Zeitfragen,* daß die Anthrax-Anschläge auf einen Wissenschaftler zurückgingen, der Zugang zu den Viren gehabt habe.

Was kann die moderne Medizin leisten? Hier gleich die Frage nachgeschoben – und wer kann sich das leisten?

Medien und Forschung priesen das Wundermittel Tamiflu, das sich viele vorsorglich in die Schublade gelegt hatten; diejenigen nämlich, die es sich auch leisten konnten.

Tamiflu ist offensichtlich nicht für die Breite der Mutationsmöglichkeiten des Vogelgrippe-Erregers geeignet. Das wußte man schon, bevor hysterische Politiker im Chorus mit den Medien über eine Pandemie fabulierten.

---

[83] Labor-Unfall mit Vogelgrippe-Virus , http://www.welt.de/print-welt/article711151/Labor-Unfall_mit_Vogelgrippe-Virus.html

[84] http://www.wikio.de/news/Erregerstamm, http://www.zeit-fragen.ch/ausgaben/2007/nr32-vom-13-august-2007/war-ein-freisetzungsversuch-eines-us-labors-ursache-fuer-ausbruch-von-maul-und-klauen-seuche-in-england/, http://www.bbv-net.de/public/article/aktuelles/panorama/ausland/465635

Bei Biowaffen denkt man unwillkürlich an militärische Spezialzüchtungen von Bakterien oder Viren. Im Falle eines Krieges sind diese ungeeignet, treffen sie doch auch die eigenen Soldaten. Als Terrorwaffe sind sie ideal und dazu auch noch billig, allerdings nicht für jede Region geeignet.

Doch es geht wesentlich einfacher. Ein Anschlag auf Tiere oder Nutzpflanzen kann einen verheerenden wirtschaftlichen Schaden anrichten. Man denke an jene Maul- und Klauenseuche in Großbritannien im Jahre 2001. Sie breitete sich blitzschnell aus und sprang auch über Ländergrenzen hinweg. Die unmittelbaren Kosten für die gekeulten Tiere und ihre Beseitigung gingen in die Milliarden und schädigten die britische Wirtschaft nachhaltig.

Tritt in einem Stall ein MKS-Fall (oder oftmals auch nur ein Verdachtsfall) auf, wird der gesamte infizierte Bestand oder gar die gesamte Herde getötet – wie im Februar und März 2001 in Deutschland praktiziert. Diese Regelung gilt für den gesamten Welthandel – für viele betroffene Kleinbauern der Ruin.

In Anbetracht der Massentierhaltung in allen Ländern dieser Erde würde eine Tierseuche wie die Maul- und Klauenseuche verheerende Folgen haben und in einigen Regionen dieser Erde auch gewaltige soziale Konfliktpotentiale freilegen. Der Phantasie sind keine Grenzen gesetzt.

Es sei in diesem Zusammenhang auch daran erinnert, daß die USA das Zusatzprotokoll der Biowaffen-Konvention noch nicht unterzeichnet haben. In Anbetracht der riesigen Fortschritte in der Gentechnologie lagern sicherlich schon einige ›Überraschungen‹ in den Laboren.[85] Ob es jemals möglich sein wird, bestimmte ethnische Gruppen

---

[85] Biopharma-Unternehmen setzen zum Beispiel Verfahren einer »gesteuerten molekularen Evolution« ein und züchten damit bestimmte Resistenzen, siehe Nature 411, 17. Mai 2001.

zu ›infizieren‹, bezweifeln Experten. So bleiben Erreger wie Pest, Milzbrand, Lassa, Pocken oder Ebola noch die wirklich gefährlichen Organismen.

Lange Zeit galt die terroristische Bedrohung durch gentechnisch veränderte Killerkeime zwar als denkbar, denoch als nicht realisierbar.[86] Doch auch dies könnte sich schnell ändern – dank staatlicher Forschungsgelder.

Eine Forschergruppe am am britischen Sanger Centre in Cambridge hat die Genomsequenz von *Yersinia pestis*, dem Pestbakterium, entschlüsselt und veröffentlicht. »Ohne Zweifel werden diese Daten die Erforschung des Organismus hinsichtlich neuer Medikamente und Impfstoffe beschleunigen und erleichtern«, so die reichlich naive Einschätzung von Julian Parkhill, dem Leiter des Forschungsprojekts. Unbeantwortet war bis zu diesem Zeitpunkt, ob Terroristen und sogenannte ›Schurkenstaaten‹ die Genomsequenz dazu benutzen könnten, den Erreger molekularbiologisch zu manipulieren und daraus eine tödliche Waffe zu bauen.

Der schreckliche Tribut: Sechs Millionen Kühe wurden 2001 vernichtet.

Antibiotika ermöglichen zwar bei rechtzeitiger Anwendung die Heilung. Ohne Behandlung aber verlaufen die Hälfte aller Beulenpesterkrankungen und fast alle Fälle von Lungenpest tödlich.

Allein die Lungenpest ist durch Tröpfcheninfektion wie ein gewöhnlicher Schnupfen von Mensch zu Mensch übertragbar. Während des Kalten Kriegs entwickelten sowjetische Biowaffenforscher Pestbakterien zur Massenvernichtungswaffe: In ihren Giftküchen gelang es, die Erreger zu einem Aerosol zu verarbeiten, das sich großflächig in der Luft versprühen läßt. Zudem züchteten sie antibiotikaresistente Stämme von *Yersinia pestis*.

Für den Umgang mit biologischen Kampfstoffen fehlen Terroristenorganisationen nach Ansicht der meisten Experten die nötigen Mittel, wobei sicherlich weniger das Geld als die notwendige Infrastruktur

---

[86] Interessant in diesem Zusammenhang ist die Sensibilisierung der Bevölkerung. In Baden-Württemberg wurden seit dem 11. September 2001 insgesamt 496 Milzbrand-Verdachtsfälle gemeldet. In keinem Fall bestätigte sich der Anfangsverdacht.

gemeint sein dürfte. Also auch hier nur eine Frage der Zeit, bis die Gefahr Wirklichkeit wird?

Der Vollständigkeit halber sei hier erwähnt, daß in der Vergangenheit schon mehrmals mit Bakterien Krieg geführt wurde. Khan Djam Bek, ein Tartarenführer im 14. Jahrhundert, ließ Pestopfer über die Mauern belagerter Städte werfen, britische Truppen verteilten an Indianer Decken von Pockenopfern, japanische Flugzeuge warfen über chinesischen Städten im Zweiten Weltkrieg mit Pest infizierte Flöhe ab, die japanische Aum-Sekte experimentierte mit Milzbranderregern, Botulinus und Q-Fieber. Die Experimente der Sekte waren noch erfolglos, bekannt wurde sie mit Sarin-Giftgas-Anschlägen in der Tokyoter U-Bahn im März 1995.

Heute könnten es die über Tröpfcheninfektion verbreiteten Pocken sein – eine ideale Waffe für städtischen Räume und bis zu 40 Prozent tödlich. »Pocken sind heute eine größere Bedrohung als Nuklearwaffen.« Diese Worte stammen von einem US-Experten für biologische Kriegführung, und er weiß, wovon er spricht. Bakteriologische Waffen sind leise und binden ungeheure Ressourcen in den betroffenen Ländern. Hinzu kommt, daß die Bevölkerung völlig unkontrolliert reagieren wird, der Zusammenbruch staatlicher Organisationen ist programmiert. Man stelle sich nur die Folgen an den internationalen Börsen vor, ein ideales Szenario für den ›Krieg der Kulturen‹, ein minimaler Einsatz mit maximalem Schrecken.

> **Allgemeine Hinweise, Möglichkeiten und Unmöglichkeiten bei Seuchenlagen**

Dies ist keine Panikmache, sondern das mindeste, was Sie tun können. Diese Verhaltensmaßregeln folgen den amtlichen Empfehlungen. Sobald Sie Kenntnis von Seuchenlagen erhalten oder verdächtige Beobachtungen machen: Das häufige Auftreten ungewöhnlicher oder gleichartiger Symptome ist ein erster Hinweis auf eine ungewöhnliche Gefahrenlage.

- *Bei Aufenthalt im Freien* – Suchen Sie das nächste bewohnte Haus auf!
- Quer zur Windrichtung bewegen, Atemschutz anlegen (OP-Maske oder, falls nicht vorhanden, mit Tüchern o.ä. improvisieren).
- Vermeiden Sie unbedingt das Aufwirbeln und Einatmen von Staub!

- Bei Gefahr einer Berührung mit infizierten Personen oder anderem möglichen Kontakt mit Erregern wechseln Sie bei Betreten des Hauses Oberbekleidung und Schuhe und lassen diese außerhalb des Wohnbereichs, hängen diese nach Möglichkeit ins Sonnenlicht (tötet Erreger).
- Waschen Sie intensiv Gesicht, Nase, Ohren, Haare und Hände!
- Folgen Sie den Hinweisen zum Aufenthalt in Gebäuden!
- *Im Auto* – Fenster schließen, Lüftung oder Klimaanlage ausschalten, Radio mit lokalem UKW-Sender einschalten. Fahren Sie sofort zum nächsten bewohnten Haus!
- *Im Haus* – Bei Gefahr einer Kontamination mit radioaktiven Stoffen Oberbekleidung und Schuhe bei Betreten des Hauses wechseln, diese außerhalb des Wohnbereichs aufbewahren.
- Lokalen Radiosender auf UKW einschalten. Beachten Sie die Durchsagen der Behörden und Einsatzkräfte!
- Informieren Sie die anderen Hausbewohner, nehmen Sie gefährdete Passanten auf!
- Gesicht, Nase, Ohren, Haare und Hände intensiv unter fließendem Wasser waschen.
- Suchen Sie so schnell wie möglich tiefer gelegene und/oder geschützte Räume auf!
- Dichten Sie Fenster, Türen und andere Öffnungen gegen einströmende, möglicherweise infizierte Luft ab! Schalten Sie Klimaanlagen und Ventilatoren ab!
- Vermeiden Sie unnötigen Sauerstoffverbrauch!
- Benutzen Sie zum Schutz vorhandene Atemschutzgeräte, notfalls Mundschutz wie zum Beispiel OP-Maske oder Tücher!
- Telefonieren Sie nur in Notfällen!
- Bleiben Sie im Gebäude, bis Entwarnung gegeben wird!

> **Infektionsrisiken**

Infektionsrisiken entstehen durch verunreinigtes Wasser. Cholera, Typhus, Hepatitis, Ruhr und andere Erreger können direkt von Mensch zu Mensch übertragen werden, im leichtesten Fall ist es nur ein heftiger Durchfall. Sauberes Trinkwasser und Abwasserentsorgung haben eine außerordentliche Bedeutung für die Verhinderung und Eindämmung von Infektionen.

Das Zusammenleben vieler Menschen, zum Beispiel in Auffanglagern, fördert die rasche Ausbreitung von Infektionskrankheiten, etwa Grippe, Windpocken, Masern und Meningitis.

Eine wertvolle Informationsquelle ist das Robert-Koch-Institut, dessen Internetseite umfangreich sowohl den informierten Laien als auch den Arzt informiert: http://www.rki.de

Für medizinisch Interessierte unbedingt empfehlenswert ist unter anderem die Broschüre *Steckbriefe seltene und importierter Infektionskrankheiten:* http://www.rki.de/cln_049/nn_205772/DE/Content/InfAZ/Steckbriefe/
Steckbriefe__120606,templateId=raw,property=publicationFile.pdf/
Steckbriefe_120606.pdf

Infektionsschutz-Set

Schutzanzug	Einmal-Overall mit Haube	1 Stück
Mund-Nasenschutz	partikelfilternde Halbmaske, Operationsmaske, Mundschutz	1 Stück
Kopfhaube	Entfällt bei Overall-Haube	1 Stück
Einmal-Schutzbrille	mit indirekter Belüftung	1 Stück
Schutzhandschuhe	Nitril / Vinyl, Dichtigkeit gem. DIN EN 455-1 – extra lang –	2 Paar
Überziehschuhe	Bei Overall ohne Füßlinge	2 Stück

Desinfektion durch Einlegen in Formaldehyd

> **Mögliche bakteriologische Krankheitsfälle**

- **Milzbrand**
  Bacillus anthracis bildet sehr widerstandsfähige Sporen.

  Vorkommen:
  Milzbranderkrankungen beim Menschen sind sehr selten und eher berufsspezifisch bei Tierpflegern und medizinischem Personal, Tierverwertern und Personen aus der Land-, Forst- und Jagdwirtschaft. Die direkte Übertragung von Mensch zu Mensch ist nahezu ausgeschlossen, da der Erreger zur Infektion eine hohe Konzentration braucht.

  Hautmilzbrand: Eindringen der Erreger durch Verletzungen der Haut.
  Rasch fortschreitende Entzündung der Haut, sichtbare Rötung und Schwellung, nach 2 bis 6 Tagen Bildung von schwärzlichem Schorf, begleitendes hohes Fieber mit septischen Reaktionen des Lymphsystems.

  Lungenmilzbrand: erreger- und sporenhaltige Stäube oder Aerosole (Tröpfchennebel), die eingeatmet werden.
  Grippale Wirkungen mit hohem Fieber, Kopf- und Gliederschmerzen, nach 2 bis 4 Tagen schweres Krankheitsbild bis zu Lungen- und Herz-Kreislauf-Versagen. Die frühzeitige Erkennung und Behandlung der Krankheit ist wichtig.

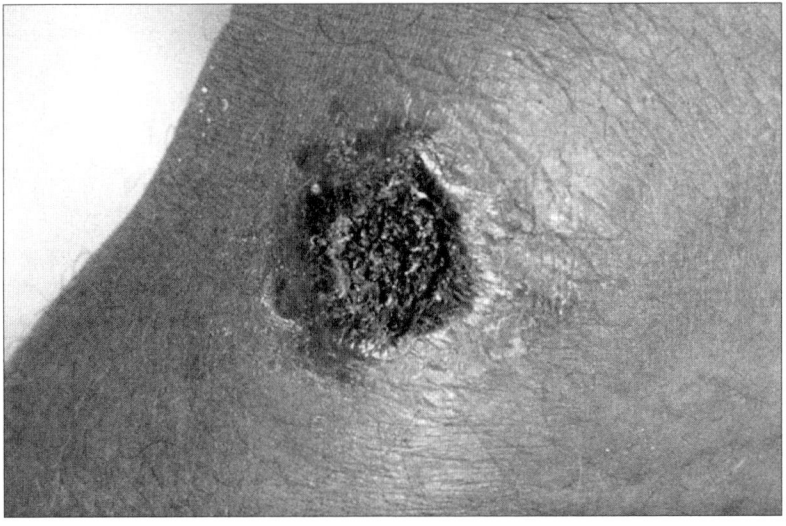

Milzbrandinfektion an einem Unterarm.

Darmmilzbrand : bei Verzehr von Innereien oder ungenügend gekochtem Fleisch infizierter Tiere; tritt sehr selten auf.

Therapie:

Ein Impfstoff ist in Deutschland nicht verfügbar.

Intravenöse Verabreichung von Antibiotika bei akuten Fällen, ansonsten oral.

Ciprofloxacin 2 x 400 mg/Tag oder Doxycyclin 2x100–200 mg/Tag.

Es gibt noch andere Mittel, z. B. Penicilline. Auf jeden Fall ist ein Arzt oder ein medizinisches Zentrum aufzusuchen.

Die Therapiedauer kann bis zu 60 Tage betragen.

- **Pocken**

  Pocken werden durch sogenannte Variola-Viren ausgelöst.[87]

  Vor über 20 Jahren sind die Pockenschutzimpfungen eingestellt worden. 1972 wurde der letzte Infektionsfall in Deutschland registriert.[88] Eine großflächige Pockenepidemie würde eine unvorbereitete oder ungeschützte Bevölkerung in Deutschland (natürlich auch in anderen Ländern) erheblich gefährden und gewaltige wirtschaftliche Potentiale binden.

  Diagnose:

  Die Ansteckung erfolgt über Tröpfcheninfektion, Hautkontakt, aber auch Textilien, Bettwäsche usw. Die Inkubationszeit beträgt zwischen 7 und 19 Tagen.

  Im Anfangsstadium ist hohes Fieber und Müdigkeit zu beobachten, es folgt der typische Ausschlag an Gesicht, Armen und Beinen. Die aufquellenden Hautstellen füllen sich mit Flüssigkeit, dann mit Eiter. Später bildet sich eine Kruste, die dann abfällt. Bis ins Endstadium der Krankheit sind Pocken äußerst ansteckend.

  Therapie:

  Es gibt zur Zeit keine belegbare Therapie, da mit Pocken nicht mehr experimentiert werden darf. Die Impfung stellt heute die einzige Vorsorge gegen eine Pockenerkrankung dar. Nach den Krisenszenarien ist immer noch die Möglichkeit einer absichtlichen

---

[87] Variola-Viren sind offiziell ausgestorben und existieren nur noch in 2 Hochsicherheitslabors in den USA und Rußland.

[88] Der letzte dokumentierte Pockenfall wurde 1978 in Birmingham bei einem Laborunfall registriert. Er verlief tödlich.

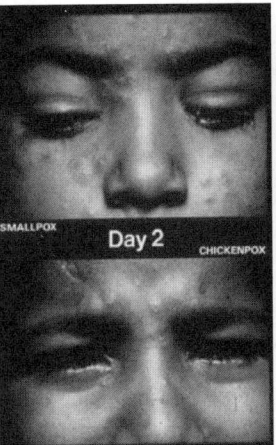 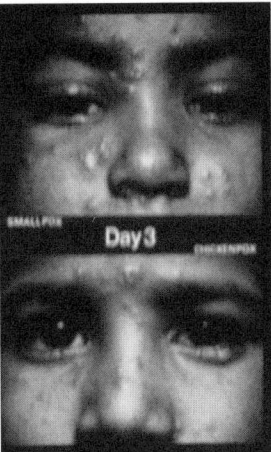 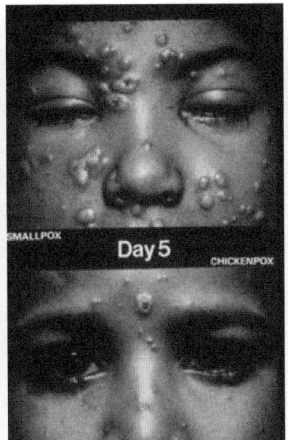 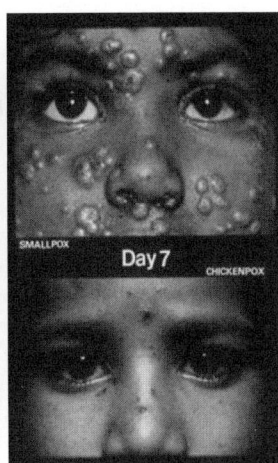

Freisetzung von Pockenviren vorstellbar. Aus diesem Grund hält die Bundesregierung zur Vorsorge 100 Millionen Impfeinheiten bereit, um die gesamte Bevölkerung impfen zu können. Wichtige Fragen zur Pockenproblematik bietet die Informationsseite des Robert-Koch-Instituts (RKI).[90]

Bilder World Health Organization, Krankheitsverlauf 2, 3, 5, 7 Tage nach Ausbruch.[89]

Hier muß natürlich die Frage gestellt werden, warum Pocken derartig viel Aufmerksamkeit und Vorsorge erfahren, wo doch eine Gefährdung als sehr unwahrscheinlich eingeschätzt wird.

- **Influenza – Grippe**

    Auslöser der Grippe ist der Orthomyxo-Virus, der in Influenza A-B-C unterschieden wird.[91] Während der Influenza-C-Virus für den Menschen nicht relevant ist, betreffen ihn Influenza-A-Viren (Vogelgrippe, kommt auch bei Säugetieren vor) in einer großen Variationsbreite und Influenza-B-Viren. Letztere haben keine Subtypen und lösen die allbekannte und gefürchtete Erkältungsgrippe bei Menschen aus. Grippe-Erkrankungen treten weltweit auf. In der nördlichen Hemisphäre erkranken jährlich 10 bis 20 Prozent der Bevölkerung an Grippe (in Deutschland im Durchschnitt 10 000 Tote, 1995/6 rund 30 000 Tote).

---

[89] http://www.who.int/emc/diseases/smallpox/slideset/index.htm
[90] http://www.rki.de/cln_049/nn_200290/DE/Content/Infekt/Biosicherheit/FAQ/Pokken/pocken__node.html?__nnn=true
[91] http://www.rki.de/cln_049/nn_200120/DE/Content/Infekt/EpidBull/Merkblaetter/Ratgeber__Mbl__Influenza.html#doc200212bodyText10 Merkblatt des Robert Koch Institutes.

Im letzten Jahrhundert gab es drei große Grippewellen (1918, 1957, 1968) mit Millionen Toten.

Diagnose

Die Übertragung erfolgt über Tröpfcheninfektion (Husten, Niesen, Hautkontakt) mit einer Inkubationszeit von 1 bis 3 Tagen. Der Krankheitsverlauf beginnt mit plötzlichem Fieber bis 39 Grad, Schweißausbrüchen, begleitet von trockenem Husten, Hals-, Muskel- und Kopfschmerzen, und klingt nach 3 bis 5 Tagen wieder ab. Gefährdet sind besonders ältere Menschen mit Herz-Kreislauf-Erkrankungen und grundsätzlicher Immunschwäche.

Therapie

Nicht jeder ist stark genug für alternative Wege zur Gesundung, wie Sauna, Naturheilmittel u. a. Insbesondere in Notzeiten muß der Weg zur vollständigen Wiederherstellung so kurz wie möglich sein – also für diejenigen, die auf Antibiotika zurückgreifen können, spätestens zwei Tage nach Einsetzen der Symptome Einnahme von Antibiotika wie Oseltamivir oder Zanamivir (Neuraminidasehemmer).

- **Influenza-A-Virus**

  Über die Wahrscheinlichkeit des Auftretens der Vogelgrippe und ihres Überspringens auf den Menschen haben wir am Anfang dieses Kapitels geschrieben.

- **Pest**

  Über die Pest und ihre Bedeutung für die militärische und/oder terroristische Anwendung ist schon geschrieben worden. Sie kommt allerdings auch als Infektionskrankheit noch in einigen Regionen dieser Welt vor.

  Die Pest wird durch den Stich eines infizierten Rattenflohs übertragen (meist in Beinhöhe), in Südamerika auch durch Menschenflöhe. Ein eher seltener Fall ist die Übertragung durch Haustiere.

  Die Lungenpest kann auch durch die Luft ohne direkten Körperkontakt übertragen werden.

  Die Inkubationszeit ist erschreckend – Beulenpest 2 bis 6 Tage, Lungenpest wenige Stunden.

  Die Verbreitung ist immer noch erstaunlich groß (siehe Karte).

Diagnose:
Beulenpest: Die Krankheit beginnt mit hohem Fieber, Schüttelfrost, Schwindelgefühl, Kopf- und Gliederschmerzen. Innerhalb von 1 bis 2 Tagen schwellen Lymphknotengruppen an und verfärben sich bläulich. Häufig ist diese Schwellung in der Leistengegend zu beobachten, bei Kindern auch an anderen Lymphknoten. Bereits gegen Ende der ersten Krankheitswoche sind weitere Lymphknotengruppen betroffen, dann auch innere Organe, insbesondere die Lunge. Die Todesrate beträgt ohne Behandlung 30 bis 40 Prozent.

Lungenpest:
Die Ansteckungsgefahr ist außerordentlich hoch. Innerhalb von 1 bis 2 Tagen kommt es zu blutig-eitrigem Auswurf und zum Tod innerhalb einer Woche.
Eine Pestsepsis führt bei beiden Pestarten innerhalb von 1 bis 2 Tagen zum Tod.

Therapie:
Verabreichung von Tetracyclin, Streptomycin oder Chloramphenicol.

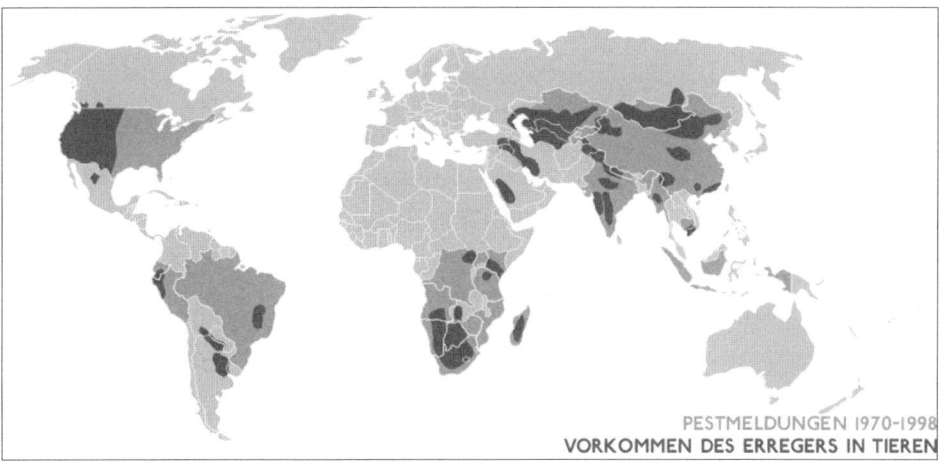

PESTMELDUNGEN 1970-1998
VORKOMMEN DES ERREGERS IN TIEREN

Quelle: www.wikipedia.de

D. Chemieunfälle und chemische Waffen

Seit den fürchterlichen Erfahrungen des Gaskrieges im Ersten Weltkrieg galten Chemiewaffen als tabu. Sogar im nicht minder mörderischen Zweiten Weltkrieg vermied man deren Einsatz. Angesichts der in Deutschland entwickelten Nervengase Tabun und Sarin war dies ein großes Glück, aber vielleicht hielt hier auch der Schrecken der beiderseitigen Vernichtung die Balance. Churchill drohte nämlich unverhohlen mit dem Einsatz von Milzbrand, um ganz Deutschland unbewohnbar zu machen.

Erst der großflächige Einsatz von Agent Orange im Vietnam-Krieg durch die USA machte die chemischen Waffen sozusagen wieder hoffähig. Der irakische Diktator Sadam Hussein setzte seinerzeit Giftgas gegen die eigene kurdische Bevölkerung ein.

Doch wer da glaubt, daß die politischen und militärischen Führer der zivilisierten Nationen vor ihrem Einsatz zurückschrecken würden, mag sich angesichts des letzen Libanon-Krieges getäuscht sehen.

»Bis jetzt gibt es unzählige Berichte aus Krankenhäusern, von Augenzeugen, Waffenexperten und Journalisten, die klar belegen, daß die israelischen Streitkräfte ›neue Waffen‹ in Libanon einsetzten. Unbekannte und ungewöhnliche Symptome wurden bei den Toten und Verwundeten angetroffen: Leichen mit abgestorbenem Gewebe ohne entsprechende Verwundungen; ›eingeschrumpfte‹ Körper; Zivilisten mit schweren Schäden der Gliedmassen, die amputiert werden mußten, woraufhin es trotzdem zu unaufhaltsamer Nekrose und Tod kam; große innere Verletzungen ohne erkennbare äußere Verletzungen, geschwärzte Körper ohne die geringsten Zeichen von Verbrennungen und schwere Wunden, ohne daß die geringste Blutung auftrat.

Viele dieser Beschreibungen legen die Möglichkeit nahe, daß es sich bei diesen neuen Waffen um Waffen mit sogenannter ›gerichteter Energie‹ handelt, des weiteren um chemische oder biologische Stoffe, die in einer Art makabrem Experiment für künftige Einsätze in Kriegen getestet wurden.«[92]

Diesen Artikel schrieb die italienische Professorin Dr. Paola Manduca vom Lehrstuhl für Genetik an der Universität Genua. Er zeigt wieder einmal, daß die Gefahren von Chemiewaffen eher aus den staatlichen

---

[92] Quelle http://www.zeit-fragen.ch/ausgaben/2006/nr38-vom-1892006/auch-desinformation-kann-israels-kriegsverbrechen-nicht-vertuschen/

Laboren stammen als aus den Giftküchen irgendeiner terroristischen Gruppierung. Ob im Libanon wirklich ein völkerrechtswidriger Einsatz von Chemiewaffen stattfand, sei dahingestellt. Er wird zumindest angenommen.

Bleibt noch die Gefahr durch Terroristen. Die Oxford Research Group sieht diese hauptsächlich bei fanatischen religiösen Gruppierungen:[93]

> »Es ist relativ einfach, Chemiestoffe zu besorgen und als Gift zu benutzen... Terroristen brauchen nur einen Liter Nervengas herzustellen, um eine große Anzahl von Menschen zu töten. Es ist äußerst schwierig, sie an der Beschaffung der Chemikalien und an der Herstellung von Nervengas zu hindern... religiöse Fundamentalisten, besonders islamische fundamentalistische Gruppen und weiße christliche amerikanische Rassisten, sowie Gruppen der extremen Rechten operieren heute.«[94]

Dekontaminationsübung in Köttmannsdorf.

---

[93] http://www.oxfordresearchgroup.org.uk/ Die Mitglieder der ORG sind hochrangige Wissenschaftler, Regierungsberater u.a. verschiedener Fachgebiete und Nationen.

[94] http://www.oxfordresearchgroup.org.uk Oxford Research Group, Waiting for Terror: How Realistic is the Biological, Chemical and Nuclear Threat?, Frank Barnaby, 2001.

1. Chemieunfall

Ohne Chemie ist unser modernes Leben nicht vorstellbar. Vielfältige Erzeugnisse der chemischen Industrie erleichtern uns das Leben, ob im Haushalt, bei der Arbeit oder in der Freizeit.

Daß Chemie auch gefährlich sein kann, weiß man spätestens, seitdem es eine chemische Industrie gibt. Zwischenfälle gehörten dort sozusagen zum Alltag und wurden als notwendiges Übel angesehen.

Erst mit der Katastrophe im italienischen Seveso 1976 rückten Problematik und Gefährlichkeit von Chemie in das breitere öffentliche Bewußtsein.[95] Das in Seveso ausgetretene Dioxin führte zur großflächigen Verseuchung der Landschaft und bei den ahnungslosen Menschen der umliegenden Dörfer zu schwersten Hautschäden, Mißbildungen bei Neugeborenen, Krebs und Änderungen des Hormonhaushalts.[96]

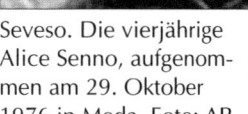

Seveso. Die vierjährige Alice Senno, aufgenommen am 29. Oktober 1976 in Meda. Foto: AP

Es war die erste große Umweltkatastrophe, die durch die Medien weltweit verbreitet und schockhaft wahrgenommen wurde. Seveso wurde zum Synonym für die Angst vor der Chemie und gleich der Ostermarsch-Bewegung gegen die atomare Aufrüstung zu einem der wichtigsten Gründungsimpulse für die Umweltbewegung.

Als ›Schlüsselereignis der Industriegeschichte‹ führte Seveso unter dem Druck der Öffentlichkeit zu einer umfangreichen Umstrukturierung der chemischen Industrie. Während in den westlichen Ländern die Sicherheitsstandards immer mehr angezogen wurden, verlagerte man riskante Produktionen ins billige Ausland.

Die Katastrophe von 1984 im indischen Bhopal wurde weltweit wahrgenommen und steht als schlimmste Umweltkatastrophe der Geschichte auf einer Stufe mit der Reaktor-Katastrophe von Tschernobyl.

Bis heute ist die Zahl der Opfer unbekannt. Schätzungen schwanken zwischen 5000 und 20000 Toten und Zehntausenden Verletzten.

Die geringen Entschädigungszahlungen des amerikanischen Chemiekonzerns Union Carbide versickerten größtenteils auf dem Weg zu den Opfern, das Gelände wurde bis heute nicht saniert.

1986 kam noch die Umweltkatastrophe von Basel hinzu. Bei dem Brand in einer Lagerhalle des Schweizer Chemiekonzerns Sandoz wurden 20 Tonnen Pestizide und Insektizide in den Rhein gespült

---

[95] http://de.wikipedia.org/wiki/Sevesoungl%C3%BCck
[96] http://www.pubmedcentral.nih.gov/articlerender.fcgi?artid=1533388, Environ Health Perspect, April 1998, Professor Bertazzi, Universität Mailand

und führten dort über Hunderte Kilometer zu einer massiven Verseuchung. Die Bilder des Fischsterbens sensibilisierten die Öffentlichkeit in hohem Maße, es kam zu Demonstrationen, die Umweltorganisation Greenpeace hatte ihre beste und erfolgreichste Zeit. Erinnert sei hier nur an den Stop der Dünnsäureverklappung in der Nordsee und an die Besetzung der Ölplattform Brent Spar.[97] Heute verfügt Deutschland sicherlich über die höchsten Sicherheitsstandards der Welt. Allein nach der Brandkatastrophe von Basel wurden in den folgenden Jahren über 60 Milliarden DM in den Schutz des Rheins investiert.

Trotzdem kann jederzeit etwas passieren. Der falsche Sack Zusatzstoffe in der falschen Autoklave, und schon brennt ein ganzes Werk. Ein Tanklastzug explodiert, und es ist mit der ländlichen Idylle vorbei.

Der Austritt einer giftigen Gaswolke und deren Verbreitung stellen wahrscheinlich die größte Gefährdung für die Bevölkerung dar. Allerdings ist das Gefahrenpotential im Augenblick des Unfalls nur schwer einzuschätzen.

Grundsätzlich gilt: Je größer der Abstand zum Unfallort, desto niedriger die Gefährdung. Außerhalb einer Zone von 7 bis 10 Kilometern um den Unfallort besteht keine akute toxische Gefährdung mehr, die aber wiederum durch meteorologische Verhältnisse in Ausnahmefällen auch örtlich weiter entfernt plötzlich vorkommen kann.

Bei Unfällen mit gefährlichen Stoffen bieten alle geschlossenen Räume einen sehr hohen Schutz, wenn verhindert wird, daß chemisch belastete Luft in Aufenthaltsräume eindringen kann. Da bei manchen chemischen Stoffen die tödliche Dosis sehr niedrig ist, kann auch schon bei kurzzeitiger Belastung eine Gesundheitsschädigung auftreten.

Auch in sehr gut abgedichteten Räumen besteht keine Erstickungsgefahr. Ein Erwachsener hat ungefähr einen Verbrauch von 1 Kubikmeter Luft pro Stunde. Eine vierköpfige Familie kann sich ohne Bedenken bei ruhigem Verhalten in einem abgedichteten Raum von 20 Quadratmetern Grundfläche (rund 50 m³ Luft) 10 Stunden aufhalten. Schadstoffwolken verflüchtigen sich nach relativ kurzer Zeit (3 bis 5 Stunden). Nötigenfalls ist der Luftvorrat durch Öffnen der Türe in (auch abgedichtete) Nachbarräume aufzufrischen.

---

[97] Die Besetzung war allerdings mehr vom Aktionismus als von realen Umweltgefahren geprägt. Die Restölbestände beliefen sich auf wenige Tonnen, den Shell-Konzern kostete die Abrüstung der Plattform über 100 Millionen DM. Seitdem ist es um Greenpeace ruhig geworden. Allerdings muß man fragen, warum die Umweltorganisation nie gegen die skandalösen Machenschaften um den ›Gelben Sack‹ (Entsorgung von Haushaltswertstoffen) protestierte. Gibt es hier Interessenkonflikte?

Verhalten bei chemischen Gefahren

- *Aufenthalt im Freien:* Beim Anzeigen einer Gefahr, z. B. Sirenenton, sofort das nächste bewohnte Haus aufsuchen.
- Sollte schon ein Ereignis im näheren Bereich geschehen sein, quer zur Windrichtung bewegen, Atemschutz benutzen (falls nicht anders vorhanden OP-Maske anlegen oder mit feuchten Tüchern o.ä. improvisieren).
- Aufwirbeln und ungeschütztes Einatmen von Staub, Qualm usw. vermeiden.
- *Im Auto:* Fenster schließen, Lüftung oder Klimaanlage ausschalten, Radio mit lokalem UKW-Sender einschalten. Sofort zum nächsten bewohnten Haus fahren.
- *Im Haus:* Bei Gefahr einer Kontamination mit gefährlichen Stoffen Oberbekleidung und Schuhe bei Betreten des Hauses wechseln, diese außerhalb des Wohnbereichs aufbewahren.
- Lokalen Radiosender auf UKW einschalten. Beachten Sie die Durchsagen der Behörden und Einsatzkräfte!
- Informieren Sie die anderen Hausbewohner, nehmen Sie gefährdete Passanten auf!
- Gesicht, Nase, Ohren, Haare und Hände intensiv unter fließendem Wasser waschen.
- Suchen Sie so schnell wie möglich geschützte Räume auf!
- Meiden Sie Keller oder andere niedrig gelegene Räume!
- Dichten Sie Fenster, Türen und andere Öffnungen gegen einströmende belastete Luft ab! Abschalten von Klimaanlagen und Ventilatoren.
- Wenn brennbare Gase ausgetreten sind oder ein solcher Verdacht aufgrund der Unfallumstände besteht, sofort Strom abschalten (Explosionsschutz).
- Vermeiden Sie unnötigen Sauerstoffverbrauch!
- Benutzen Sie beim Eindringen gefährlicher Substanzen vorhandene Atemschutzgeräte, notfalls Mundschutz wie zum Beispiel OP-Maske oder Tücher!
- Telefonieren Sie nur in Notfällen!
- Bleiben Sie im Gebäude, bis Entwarnung gegeben wird!
- Nach der Entwarnung alle Räume lüften.
- Haben Sie Tiere – Weidetiere im Stall belassen und so lange nicht

mit Frischfutter aus der Umgebung versorgen, bis auch hierfür eine Entwarnung vorliegt.
- Nach dem Durchzug einer Schadstoffwolke, die Schadstoffe auf dem Boden und anderen Flächen abgelagert hat, ist unbedingte Sauberkeit erforderlich:
  - Schuhe vor dem Betreten der Wohnung ausziehen.
  - Gesamte Wohnung, Mobiliar und Teppiche feucht reinigen.
  - Täglich duschen und besonders gründlich waschen.
  - Haus und unmittelbare Umgebung mit Wasserschlauch abspritzen.
  - Bei allen Reinigungsarbeiten Staubaufwirbelung vermeiden.
  - Kein Obst und Gemüse aus dem Garten essen.
- Oberflächenwasser sollte nur im äußersten Notfall unter Verwendung von Filterpumpen getrunken werden (auch antibakterielle Behandlung beachten).

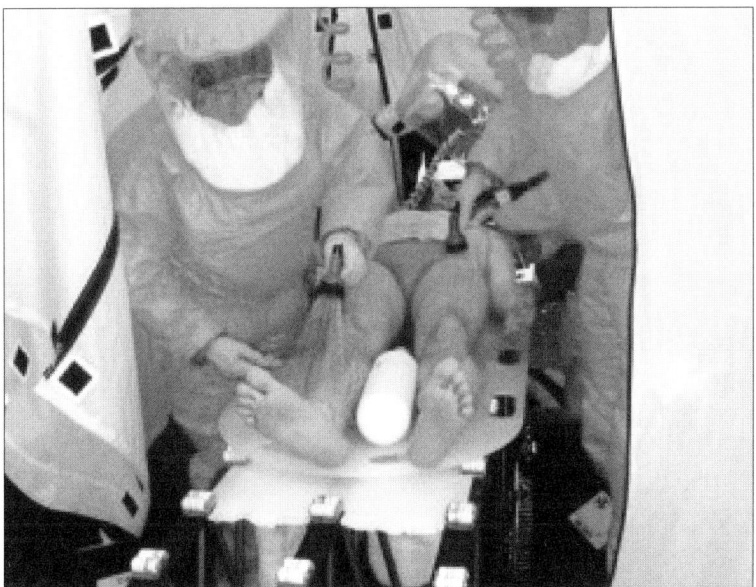

Dekontamination.

2. Terroristen und Chemie

Prof. Helmut Hönig vom Institut für Organische Chemie an der Technischen Universität Graz meinte in einem Vortrag über Chemierisiken und die Sicherheitslage:

> »Das individuelle und statistische Gefährdungs- und Bedrohungspotential durch ›die Chemie‹ erscheint vielen durch immer wieder auftauchende Meldungen über Massenvernichtungswaffen und Risiken von Chemikalien als extrem hoch. Demgegenüber rangiert in den tatsächlichen Unfallbilanzen und den statistischen Risiko-Wahrscheinlichkeiten der Chemieunfall an sehr untergeordneter Stelle. Ebenso scheint der Gebrauch von Chemiewaffen in kriegerischen wie terroristischen Szenarien im Vergleich zu konventionellen Mitteln heute erfreulicherweise marginal.«

◆ **Prüfen Sie Ihre Vorbereitungen!**

13.
Verhalten
bei gewalttätigen
Auseinandersetzungen
Zivilschutz

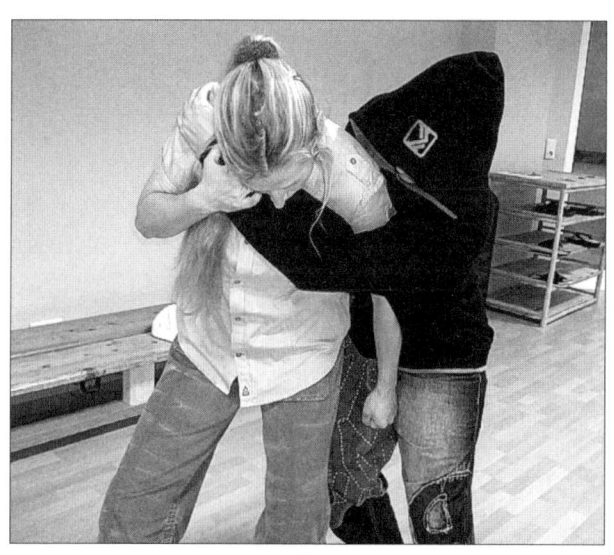

Zivilschutz

Ein heikles Thema! Der Bundesgrenzschutz übt zwar seit geraumer Zeit »Wie rette ich bedrohte Politiker aus der Luft« oder »Hindernisse von öffentlichen Verkehrswegen entfernen«, doch das Thema Gewalt auf der Straße ist in der gesellschaftlichen Diskussion tabu. Die Straßenschlacht zwischen Türken und Kurden in Berlin mit immerhin über 300 Beteiligten Anfang November 2007 fand kaum Erwähnung in der Presse. Angeblich ›rechte‹ Straftaten, ob von mutmaßlichen Einzeltätern oder von Gruppen, werden in die Weltpresse getragen und rufen reflexartig hochbezahlte Anti-Rechts-Kampagnen auf. Ob Sebnitz, Potsdam, jetzt gerade Mügeln, sie alle stellten sich nicht als das heraus, als das sie von hyperventilierenden Politikern dargestellt wurden. Eine öffentliche Richtigstellung erfolgte nicht oder wurde von den meisten Medien nicht wahrgenommen. Auch die häufig gewaltsamen Aufmärsche von ›ergebnisoffen‹ lebenden linken Gruppierungen bedrohen die Demokratie nicht wirklich. Bedrohlicher ist da schon das gestörte Rechtsempfinden des Bürgers bei faktischem Entstehen rechtsfreier Räume durch die Politik und linke Demonstranten. Interessant dazu sind auf einer Internetseite die Ansichten deutscher Polizeibeamten zu dem G-8-Gipfel in Heiligendamm.[98]

Deutschland ist noch friedlich! Dabei gibt es genug Probleme, gegen die man protestieren könnte und müßte. Im Hurra-Geschrei der Politiker über das gelungene Wirtschaftswunder des Jahres 2007, die gesunkene Arbeitslosigkeit und die geringe Inflation wird offensichtlich im Konsens zwischen Politik und Medien die Wahrheit heruntergespült: die maßlose Gier des Steuerstaates im Verein mit den Abzockern in der Großindustrie, eine unerhörte Staatsverschuldung, eine mit viel Geld getarnte Arbeitslosigkeit, eine nicht nur gefühlte, sondern tatsächliche und schmerzhafte Inflation, der bröckelnde Sozialstaat, die Bildungsmisere, der Überwachungsstaat, die Ausländerproblematik – die Aufzählung ließe sich endlos fortsetzen. Wie sagte doch der SPD-Verteidigungsminister Hans Struck: »Deutschlands Freiheit wird am Hindukusch verteidigt«? Nein, Deutschlands Freiheit muß hier verteidigt werden.

---

[98] http://www.copzone.de/modules.php?name=Forums&file=viewtopic&p=381702 , siehe auch *Focus* v. 22. Juni 2007: »Polizei sieht neue Dimension der Gewalt – Nach einer ersten Analyse des Polizeieinsatzes beim G8-Gipfel in Heiligendamm warnt die Gewerkschaft der Polizei (GdP) vor einer völlig neuen Bedrohung durch die autonome Szene.« Quelle: http://www.focus.de/politik/deutschland/g8-gipfel/g8-fazit_aid_64084.html

Ich kenne viele, die mit Bewunderung nach Frankreich sehen und sagen: »Die lassen sich das nicht gefallen. Aber hier, die Deutschen?«

Es soll hier kein Klagelied über den Zustand des Landes angestimmt werden.

Es ist noch viel schlimmer!

Nicht die Angst vor einem Bürgerkrieg diskutieren wir, sondern die Angst vor einem Versorgungskrieg.

Wir erleben den rasanten Verfall des Dollar und im Gegenzug den Aufstieg des Euro. Inmitten der Währungsspiegelfechtereien galoppiert die gigantische Schuldenlast eines Staatsgebildes, dessen Schulden eine GmbH. verwaltet.[99] Sein alterndes Staatsvolk hofft auf Rentenzahlungen, die das arbeitende Volk schon bald nicht mehr wird erwirtschaften können. Wir verdrängen ängstlich die brennenden Fragen der Zukunft. Wer will ernsthaft bestreiten, daß es zu bürgerkriegsähnlichen Zuständen kommen kann; ob Beschaffungskriminalität wie die der Jugendbanden in Berlin, ob Not. Immer mehr wird von der Armut in Deutschland geredet – angesichts übervoller Regale in den Supermärkten kaum vorstellbar.

Doch denken Sie nach, und Sie werden schnell sehen, daß wir auf einem Pulverfaß leben. Sie kennen Ihre Freunde am besten. Wer von ihnen ist zur Zeit nicht in einem Zustand ungewohnter Gereiztheit, ja Aggressivität? Das Klagelied um das arme Deutschland ist lang, zu lang.

Doch wie schütze ich mich und meine Familie?

Aus juristischen Gründen ist die Palette der Ratschläge hier sehr dünn. Als ich vor Jahren den Schießstand eines Polizeisportvereins betrat, hing dort ein kleines Schild:

Schießt Du, machst Du einen Fehler,

Schießt Du nicht, machst Du auch einen Fehler.

Es geht um Menschen in extremen Situationen, das darf man nicht vergessen.

Illegale Waffen zu besitzen wird mit Gefängnis bestraft. Selbst bei anerkannter Notwehr bis hin zur Todesfolge kommt das Strafrecht wegen unerlaubten Waffenbesitzes.

Für Jäger und Schützen kann der Einsatz von Schußwaffen selbst im befriedeten Bereich zur Anklage führen, es kommt auf den Richter

---

[99] Bundesrepublik Deutschland Finanzagentur GmbH. Stammkapital 50 000 DM, verwaltet zur Zeit. rund 900 Milliarden Euro Staatsschulden, http://www.deutsche-finanzagentur.de/cln_051/DE/Home/homepage__node.html?__nnn=true

an. In Bayern, das einen bodenständigeren Begriff von Besitz und Freiheit hat, wird anders Recht gesprochen als im Land Nordrheinwestfalen, das eine jahrzehntelange SPD-Alleinherrschaft geprägt hat .

§ 32 StGB

Notwehr (1) Wer eine Tat begeht, die durch Notwehr geboten ist, handelt nicht rechtswidrig.

(2) Notwehr ist die Verteidigung, die erforderlich ist, um einen gegenwärtigen rechtswidrigen Angriff von sich oder einem anderen abzuwenden.

§ 33 StGB

Überschreiten der Notwehr. Überschreitet der Täter die Grenzen der Notwehr aus Verwirrung, Furcht oder Schrecken, so wird er nicht bestraft.[100]

Mußten Sie um Ihr Leben fürchten, weil der Gegner eine Waffe in der Hand hatte oder Sie den (zu beweisenden) Eindruck hatten, daß er einen tödlichen Gegenstand in der Hand hielt, ist die Sache vor dem Strafgericht klar. Zivilrechtlich können, insbesondere wenn der Angreifer schwer verletzt oder im schlimmsten Fall gelähmt wurde, erhebliche Ansprüche auf Sie zukommen.

Daß in der Frage des Waffenrechts die üblichen Verdächtigen der Politik ihre Spielchen mit der Öffentlichkeit treiben, im besten Einvernehmen insbesondere mit Hamburger, aber auch anderen Medien, ist nahezu selbstverständlich. Zu gern hätte man endlich den wehr- und waffenlosen Bürger; über eine Verfassung abstimmen darf er ja ohnehin nicht.

Waffenbesitz in Deutschland[101]	
Legale Waffen von Jägern, Sportschützen, Sammlern	ca. 10 Millionen
Geschätzte Zahl der illegalen Waffen	ca. 20 Millionen
Überhang aus alten Waffenbeständen bis 1945	ca. 7 Millionen

---

[100] Zitiert aus Beck-Text im dtv, StGB vom 15. Mai 1971 in der Fassung v. 10. März 1987.
[101] Zwar aus dem Jahre 2001, aber immer noch aktuell.
http://www.schuetzenverein-eisenach.de/Waffenrecht/Zahlen_und_Fakten/Zahlen%20und%20Fakten%20Waffenbesitz.pdf

Folgt man diesen Zahlen, hätte fast jeder Haushalt statistisch gesehen eine Schußwaffe. Tatsache ist, daß zu Straftaten kaum legale Schußwaffen eingesetzt werden. Das Hin und Her zum deutschen Waffenrecht zeigt nur die vordergründigen Absichten der Politiker: entmündigen und enteignen.

Eine besondere Blüte erlaubte sich die Rostocker Staatsanwaltschaft bei einem Göttinger Studenten, der zum G-8-Gipfel nach Heiligendamm reisen wollte. Er wurde verhaftet und erkennungsdienstlich behandelt, weil er einen Zahnschutz mitführte. Der Staatsanwalt sah darin eine »passive Bewaffnung«. Es kam auch tatsächlich zum Prozeß am Amtsgericht Rostock, der allerdings auf Staatskosten eingestellt wurde.[102]

Nach dem Erfurter Blutbad, begangen von einem offensichtlich gestörten Jugendlichen, lief die Diskussion auf Hochtouren, und es wurden sofort neue Entwürfe zum Waffenrecht präsentiert. Der Erfurter Schützenverein veröffentlichte gegen ein totales Waffenverbot eine kluge Stellungnahme:

»Der Entwurf ist schließlich von der ideologischen Vorstellung geprägt, Schußwaffen gehörten ›ihrem Wesen nach‹ ausschließlich in die Hände der staatlichen Exekutive. Dies findet besonders in der Begründung von § 8 (Entwurf nebst Begründung, Seite 109) seinen Niederschlag. Dort heißt es: ›Waffen sind demnach Gegenstände, die ihrem Wesen nach dazu bestimmt sind, zur Befolgung der Gesetze gegen Bürger eingesetzt zu werden. . .‹

Dies ist sachlich falsch. Die ältesten bekannten Waffen gehören der Altsteinzeit (bis etwa 10 000 v. Chr. Geburt) an (Steindorf, WaffG, Einleitung Rdn. 1). Auch Schußwaffen haben ihren Ursprung in Zeiten vor der Entwicklung des modernen Staates. ›Ihrem Wesen nach‹ dienten und dienen sie der Jagd, der Selbstverteidigung und dem Sport. Der erwähnte Satz in der Begründung ist somit schon sachlich von einer geradezu schmerzhaften Absurdität. Schließlich ist der zitierte Satz nicht etwa eine konsequente Verfechtung des staatlichen Gewaltmonopols.

Er offenbart vielmehr eine obrigkeits-staatliche Vorstellungswelt, wie sie obszöner kaum denkbar ist. Die Befolgung der Gesetze wird vom Staat nicht durch gegen Bürger gerichtete Waffengewalt durchgesetzt. Ein solches Verhalten kennzeichnet totalitäre Systeme. Die Befolgung der Gesetze ist im demokratischen und pluralistischen

---

[102] Div. Zeitungsmeldungen am 9. u. 10.November 2007

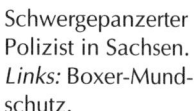

Schwergepanzerter Polizist in Sachsen. *Links:* Boxer-Mundschutz.

Gemeinwesen vielmehr einzig dem grundlegenden Wertekonsens der Bürger zu verdanken.«[103]

Das vollständige Waffenverbot in Großbritannien hat zu einem bedeutsamen Anstieg des illegalen Schußwaffeneinsatzes geführt. Besonders die Morde unter Jugendlichen sind in den letzten Monaten immer wieder durch die Presse gegangen.

> ➢ **Doch wieder zurück zur Frage: Wie schütze ich mich und meine Familie?**

Von diesem Augenblick an wird die Antwort sehr komplex.

- Leben Sie in der Stadt, oder auf dem Lande, oder gar abseits im Wald?
- Licht verscheucht lichtscheue Elemente. Installieren Sie Bewegungsmelder am Haus, hohe Zäune, Videoüberwachung, Alarmanlagen, Notfalltaster und Alarmverfolgung zu Wachdiensten und zur Polizei. Es gibt natürlich sehr ausgeklügelte Sicherheitssysteme, die einen entsprechenden Preis haben und somit für den größten Teil der Bevölkerung nicht in Frage kommen.
- Schätzen Sie die Gefahr und den Sicherheitsbedarf ein, bevor Sie sich beraten lassen. Geschickte Vertreter verkaufen Ihnen schnell eine teure Überversicherung.

---
[103] Ebenda.

Doch dies alles funktioniert nur mit Strom. Was ist, wenn der Strom ausfällt?

- Sollte es zum Ernstfall kommen, und Sie stehen plötzlich einem Fremden in Ihrer Wohnung oder im Haus gegenüber – versuchen Sie nicht, einem Einbrecher mit Gewalt entgegenzutreten, wenn Sie nicht dazu bereit und willens sind. Mutige Menschen jeglichen Alters und Geschlechts haben schon Erstaunliches geschafft. Sollten Sie dieser Typ nicht sein, dann verzichten Sie lieber auf Eigentum und rufen später die Polizei.
- Einzelkämpfer und andere brauchen wir nicht zu beraten, sie können sich verteidigen. Wenn Sie aber Angst vor Messern, Keulen, Schlagstöcken oder vor dem Einsatz von Pfefferspray gegen einen aggressiven Eindringling haben – dann kann Ihnen wirklich nur Gott helfen.
- Bedenken Sie aber immer, daß Sie auf den Ernstfall vorbereitet sein müssen!
- Die Situation scheint bedrohlicher, als sie ist. Niemand trachtet Ihnen mit Vorsatz nach dem Leben. Es gibt in unserer Kultur, und hier liegt die Betonung, zum Glück noch Respekt vor dem Leben. Die Sache mit dem Eigentum ist schon eher ein Problem für die verschiedenen Kulturen in Deutschland. Die zunehmende einseitige Verteilung des Besitzes läßt aber auch diese Grenzen langsam verfließen.
- Sollten Sie plötzlich einem Fremden im Schlafzimmer gegenüberstehen, sprechen Sie mit ihm und bleiben Sie ruhig dabei. Bekämpfen Sie Ihre Angst und die des anderen! Wenn Sie schreien wollen, seien Sie sicher, daß es Ihre guten Nachbarn auch hören und sofort richtig reagieren werden. Ist dies aussichtslos, verzichten Sie darauf, es würde nur eine unkontrollierte Reaktion Ihres Gegenübers hervorrufen.

Es kann hier nicht alles aufgeführt werden, was notwendig ist, und wäre im Falle eines wie auch immer gearteten Angriffs auf Sie und Ihren Besitz wahrscheinlich untauglich. Häuser heißen nicht ohne Grund ›Immobilien‹, weil sie eben nicht-beweglich machen. Glücklich wer kein Haus hat, Besitz verpflichtet. Das Haus schützt aber auch, und das ist Ihr Vorteil.

Warum die Ausführungen zu Schußwaffen? Weil die meisten Phantasien schnell dorthin gehen. Vielleicht sind wir von amerikanischen

Filmen schon so *re-educated* (umerzogen), daß wir sofort an den *troubleshooter* (frei übersetzt ›Problemlöser‹) denken?

Vorsicht! Es gibt gute Gründe dafür und bessere dagegen. Ein Angreifer ist immer im Vorteil, nutzt er doch die Überraschung. Sie haben die Ortskenntnis, kleine Überraschungen gegen unliebsame Besucher und eine entwaffnende Offenheit für die Probleme anderer. Nerven behalten! Ruhig bleiben!

Müssen Sie sich ganzer Banden und Horden erwehren, dann ist die gute Nachbarschaft gefragt. Diese ist dann – sollte es eigentlich immer sein – die beste Rückversicherung.

Getrennt marschieren, vereint schlagen!

> **Vorsichtige Empfehlungen**
>   - **Schreckschußwaffe** – Die Waffe ist in Deutschland genehmigungspflichtig und erfordert den sogenannten ›kleinen Waffenschein‹. Es gibt verschiedene Patronen (Knall, Pfeffer, Signal usw.).
>   *Vorsicht!* Schreckschußwaffen sehen echten Waffen täuschend ähnlich. Immer wieder kommt es zu Zwischenfällen, weil für Angreifer und auch Beamte im Einsatz eine Unterscheidung in der Schnelligkeit der Abläufe nicht möglich ist.
>
>   - **Pfefferspray** – Intensive Wirkung auf Augen und Schleimhäute, geht bis zu 5 m Entfernung, darf aber wegen der intensiven Wirkung nur in eindeutigen Notwehrsituationen gegen Personen eingesetzt werden.
>
>   - **CS-Gas** – Wie Pfefferspray, empfehlenswert ist die Version ›Weitstrahl‹ wegen der Zielgenauigkeit.
>   Für beide Anwendungen gibt es auch optisch sehr dezente und

Von links: Schreckschußwaffe, Pfefferspray und CS-Gas.

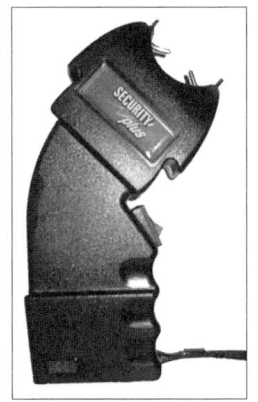

leicht anwendbare Auftritte, zum Beispiel in Kugelschreiberform oder als Anhänger.

- **Elektroschocker** / Elektroimpulsgeräte – Achtung! Der Erwerb, Besitz und das Führen von Elektroimpulsgeräten sind ohne Zulassung und Prüfzeichen erlaubt. Mindestalter 18 Jahre.

- **Taser** – Elektroimpulsgerät, das zwei kleine pfeilartige Elektroden verschießt (max. Distanz 5 m). Der Taser gilt als wirksamste nichttödliche Waffe. Allerdings sind in letzter Zeit vermehrt Berichte über tödliche Folgen bei Taser-Einsätzen bekannt geworden.

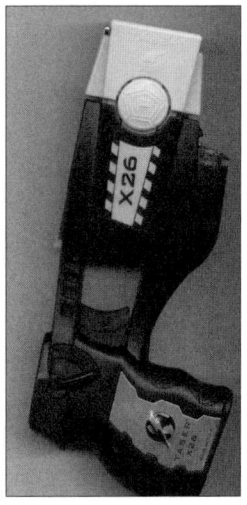

Von oben: Elektroschocker, Taser.

Schlagstock

Akustischer Warngeber

- **Schlagstock** (Polizei) oder Teleskopschlagstock.

- **Akustische Warngeber** – Geben ein sehr lautes Signal (bis 110dB); verschiedene Systeme.

Im Gelände kann **ein schweres Messer** hilfreich sein.

> Die Abwehrmittel sind nur für Personen über 18 Jahren erhältlich.
> - Achtung! Sichere Aufbewahrung vor Kindern.
> - Jeder verantwortungsvolle Jäger und Sportschütze wird besondere Aufmerksamkeit beim Führen von Waffen und Munition zeigen, sofern das offene Führen von Schußwaffen für die eigene Sicherheit bzw. Leib und Leben notwendig ist.
> - Wer illegale Waffen erwirbt und führt, macht sich strafbar.

◆ **Prüfen Sie Ihre Vorbereitungen!**

14.
Überleben in der Natur

Überleben in der Natur

Hand aufs Herz! Wer kann sich heute große Flüchtlingsströme wie 1945 vorstellen oder wie wir sie in den Fernsehbildern aus Kriegsgebieten sehen. Sollten wir einmal gezwungen sein, in der freien Natur zu übernachten, so ist dies eher zufällig.

So ist es unserer Meinung nach hier auch nicht notwendig, über die bereits getroffenen Empfehlungen hinauszugehen. Wer sich wirklich für das Überleben in der Natur interessiert, sei auf die zahlreiche Fachliteratur (siehe Anhang) hingewiesen.

Es gibt allerdings einige Grundregeln, die man beim erzwungenen Aufenthalt im Freien beachten sollte. Die Natur bietet viel Schutz, sie kann den Unerfahrenen aber auch umbringen.

Normalerweise enthält das Notgepäck ein Zelt. Ob dies ein leichtes Expeditionszelt ist oder ersatzweise aus Regenplanen (Tarp) besteht, muß jeder selbst entscheiden.

Für jeden Aufenthalt in der Natur ist die Platzwahl entscheidend. Im engen Tal neben einem Bach kann es bei überraschendem Regen schnell zu einer lebensbedrohenden Situation kommen. Auch die geschützte Mulde kann sich schnell mit Wasser füllen. Auf einer Bergkuppe läuft man keine Gefahr zu ertrinken, dafür hat man bei Sturm andere Schwierigkeiten. Nutzen Sie die natürlichen Gegebenheiten aus, suchen Sie windgeschützte Stellen. Achten Sie auf Steinschlagmöglichkeiten, Hänge mit sehr nassem, vollgesogenem Boden können rutschen.

- ➢ *Grundregel:* Sie müssen trocken bleiben. Der Untergrund sollte einen Kälteschutz (Äste, Stroh, Moose) und Feuchtigkeitsschutz (Plane) haben.
- ➢ Für den Bau eines Biwaks muß man wissen, daß kalte Luft schwer ist und sinkt, warme Luft leicht ist und steigt, das heißt, Sie sollten immer leicht erhöht liegen, um unnötigen Wärmeverlust zu vermeiden. Im Winter ist Schnee ein guter Isolator (mind. 30 cm) gegen Wärmeverlust.
- ➢ Bei Arbeiten mit der Axt achten Sie auf Arbeitssicherheit. Ein fester Stand und Konzentration auf jeden Schlag helfen, Unfälle zu vermeiden, denn das ist etwas, was Sie in dieser Situation auf keinen Fall gebrauchen können.

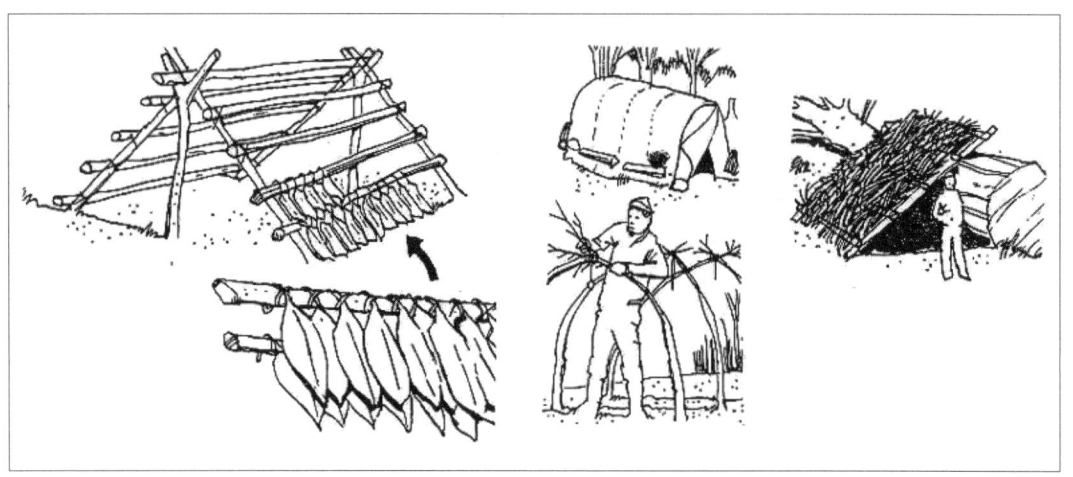

Bildfachgerechtes Lager.

> **Orientierung ohne Karte und Kompaß**

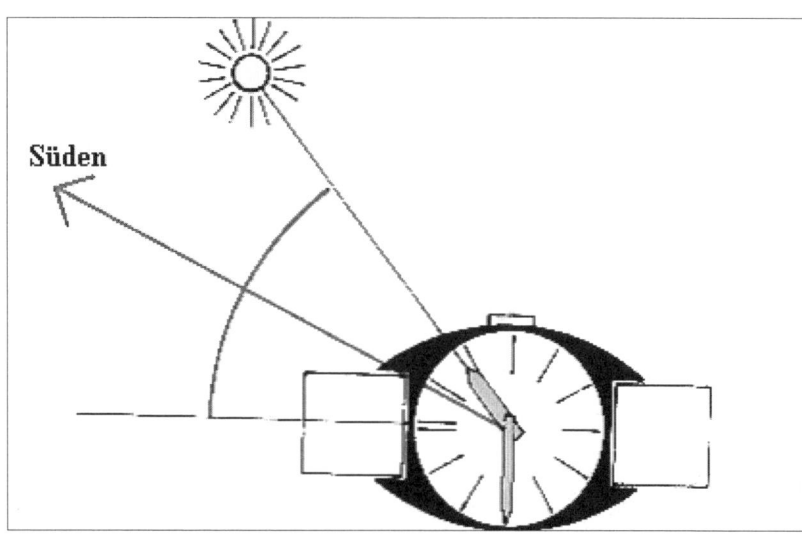

Kleiner Zeiger der Uhr auf die Sonne. Süden liegt in Richtung des halben Winkels zwischen dem kleinen Zeiger und 12 Uhr.

1. Die Ressourcen unserer Natur – Was kann man essen?

Unsere Natur bietet eine Vielzahl von nahrhaften und vitaminreichen Kultur- als auch Wildpflanzen.

Neben den sogenannten Kulturpflanzen (Getreide, Obst, Gemüse) lassen sich Wildgemüse, Waldfrüchte, Nüsse und Pilze aus dem Garten Natur vielfältig verwenden. Wildpflanzen sind insgesamt vitamin- und mineralstoffreicher als die gewöhnlichen Kulturpflanzen – möglicherweise schon deshalb, weil sie dort wachsen, wo es ihnen am besten bekommt.

Die Samen der Rotbuche (Eckern), die Früchte der Eiche (Eicheln) besitzen einen hohen Nährwert, die leuchtenden Früchte der Hundrose (Hagebutten) und die prachtvollen Dolden der Holundersträucher bilden echte Vitamin C-Bomben. Die Liste ließe sich leicht fortsetzen.

Wußten Sie, daß die Hagebutte dreißigmal so viel Vitamin C enthält wie die Zitrone oder daß Löwenzahn ebenso reich an Provitamin A wie die Möhre ist?

Wildgemüse

Beim eigentlichen ›Wildgemüse‹ sind jedoch einige Vorsichtsmaßnahmen notwendig. Man muß die gesammelten Wildpflanzen einwandfrei bestimmen können. Verwechslungen (z. B. zwischen Bärlauch und Maiglöckchen) sind möglich. Außerdem sind bei manchen Wildpflanzen nur bestimmte Teile zum Verzehr geeignet. Es ist ebenfalls zu beachten, daß durch Umweltverschmutzung durch Schadstoffe Wildpflanzen schädlich werden können.

In der umseitigen Tabelle haben wir bekannte und besonders schmackhafte Wildpflanzen kurz vorgestellt. Im bibliographischen Anhang finden Sie außerdem Buchempfehlungen über eine wesentlich größere Zahl von Wildpflanzen, vor allem über deren jeweilige Bestimmung und kulinarische Verwendung.

Von links: Wilde Malve, Taubnessel, Wilde gelbe Rübe.

Wildpflanze	Pflanzenteile	Verwendung
Bärlauch	Blätter, Wurzeln reich an Vitamin C	Suppen, Pesto, in Essig und Öl eingelegt, zu Eierspeisen
Beinwell	Blätter, Trieb e reich an Proteinen	Salatzutat, Spinat, Stengel wie Spargel
Brennessel	Blüte, Triebe reich an Vitamin A und C	Spinat, Gemüse, Suppe, Frischsaft, zu Eierspeisen
Brunnenkresse	Blätter, junge Triebe vitaminreich	Brotbelag, Salatzutat, Kräuteressig, Spinat
Gänseblümchen	Blätter, Blüten	Salatzutat, Knospen in Essig eingelegt
Gänsefuß	Blätter, Samen reich an Nährstoffen	Spinat, zu Aufläufen und Soufflés, gemahlene Samen für Pfannkuchen
Hirtentäschel	Blätter, Stengelknospen kreislauffördernd	Zutat zu Suppen und Gemüsegerichten
Huflattich	Blätter reizlindernd, schleimlösend	Gemüse, Pfannkuchen- und Eintopfzutat
Löwenzahn	Blätter, Blüten vitaminreich, blutreinigend	Salat, Gemüse, Pesto, zu Nudel- und Fischgerichten, als Gelee zu Quark
Sauerampfer	Blätter harntreibend	zu Salaten, Suppen, Pürees, Saucen, Eiergerichten
Schafgarbe	Blätter, Blüten stärkend	Gemüse, Salat, zu Nudel- und Eiergerichten, zu Quarkspeisen
Taubnessel	junge Triebe, Blüten fördert die Leberfunktion	Salatzutat, in Suppen, Gemüse, als Spinat, zu Nudelgerichten
Vogelmiere	Blätter, Triebe, Blüten reich an Vitamin C	Salat, Spinat, Gemüse, zu Fleischgerichten
Waldmeister	Triebe fördert die Leberfunktion	Obstsalat, Kompott, Cremespeisen
Wasserlinsen	ganze Pflanze	Suppe, Spinat, zu Nudelgerichten, Wasserlinsen-Püree
Wegerich	Blätter blutreinigend	Gemüse, Salat, in Suppen, Eintöpfen und Saucen
Wilde gelbe Rübe	Wurzel, Blüten, Früchte Vitamine	Salatzutat, Püree, Saucen für Süßspeisen, Früchte als Gewürz
Wilde Malve	Blätter, Blüten reich an Vitaminen	in Suppen und Eintöpfen, Salatzutat, Blüten in Süßspeisen

2. Kleine Wetterkunde

Cirrus: 5000-13700 m, Eiswolken in Form von feinen Fasern oder Bändern, federartiges Aussehen, seidener Glanz, meist kein Niederschlag.

Cirrocumulus: 5000–13700 m, dünne Eiswolkenschicht, entweder gleichmäßig verteilt oder feine ›Schäfchenwolken‹.

Cirrostratus: 5000–13700 m, durchscheinender Eiswolkenschleier, glatt oder faserig, häufig Haloerscheinungen.

Altocumulus: 2000-7000 m, ballen- oder walzenförmige weiße oder graue Schichtwolken, grobe ›Schäfchenwolken‹, meist kein Niederschlag.

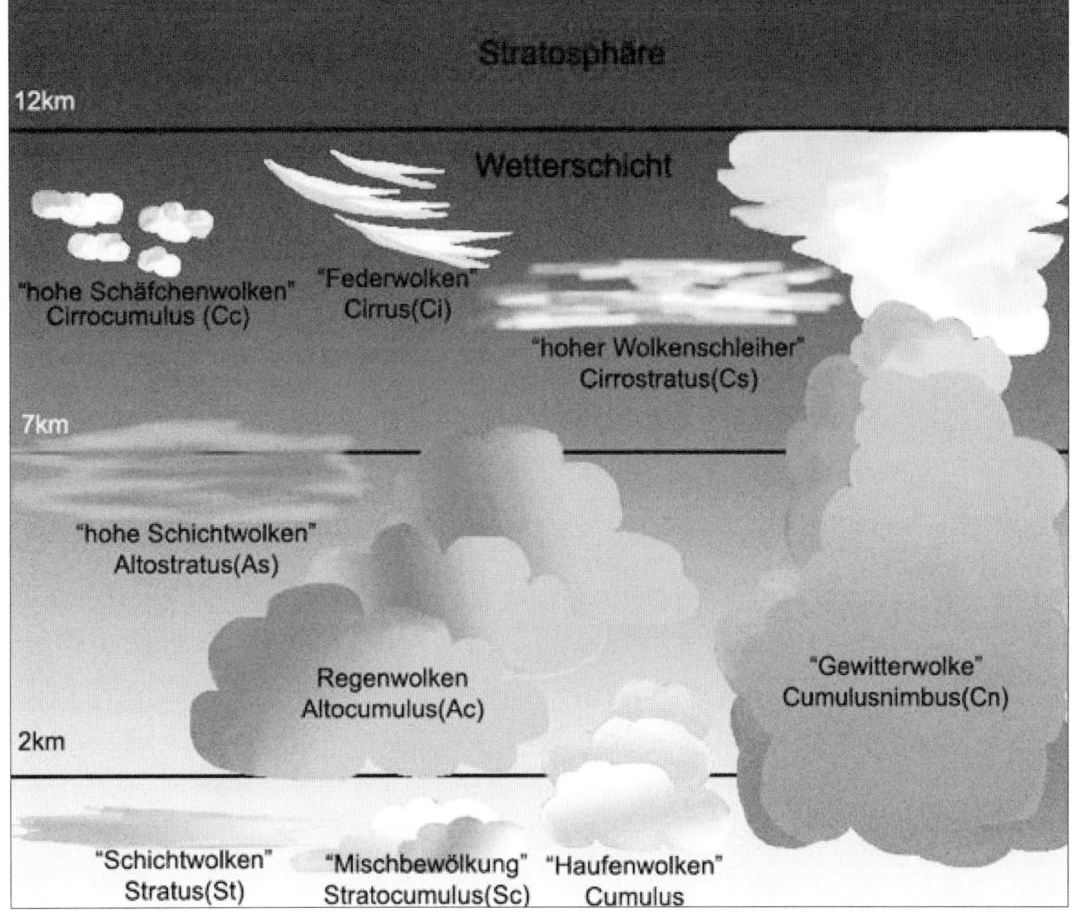

Altostratus: 2000–7000 m, faserige, gräuliche oder bläuliche Schichtwolken, Sonne verschwommen zu erkennen, oft folgt andauernd leichter oder mäßiger Niederschlag.

Nimbostratus: 900–3000 m, graue, dunkle, schwere Wolkenschicht (›Regenwolken‹), anhaltender Regen oder Schneefall.

Stratocumulus: 460–2000 m, graue oder weiße Schichtwolken mit dunklen Flecken, ballen- oder walzenförmig, kein Niederschlag.

Stratus: 0–460 m, graue Wolkenschicht mit gleichmäßiger Untergrenze (Hochnebel), Sprühregen oder feiner Schnee.

Cumulus: 460–2000 m, einzelne dichte, weiße Haufenwolke, unterer Rand flach, oben blumenkohlförmig (›Schönwetterwolken‹).

Cumulonimbus: 460–2000 m, dichte, turmförmige Haufenwolke mit dunkler Basis, häufig Schauer oder Gewitter (›Gewitterwolken‹).

◆ **Prüfen Sie Ihre Vorbereitungen!**

15. Anhang

A. Adressen von Organisationen
   (u. U. auch Schweiz und Österreich)

➢ **Bundesamt für Bevölkerungsschutz und Katastrophenhilfe**
Provinzialstrasse 93
53127 Bonn

Telefon: +49-1888-550-0

Telefax: +49-1888-550-1620

E-Mail: poststelle@bbk.bund.de

Internet: http://www.bbk.bund.de/cln_007/DE/00__Home/homepage__node.html__nnn=true

Unter dieser Internetadresse sind umfangreiche Merkblätter und Checklisten für die Notfallvorsorge einzusehen und auszudrukken:

http://www.bbk.bund.de

➢ **Deutsches Komitee Katastrophenvorsorge. V.**
Friedrich-Ebert-Allee 40
53113 Bonn
Postfach 12 06 39
53048 Bonn

Telefon: 0228/44 60 - 1828/-1827-/1826/-1815/-1814

Telefax: 0228/44 60– 18 36

E-Mail: info@dkkv.org

Internet: http://www.dkkv.org

➢ **deNIS**

Das Deutsche Notfallinformationssystem deNIS enthält eine Sammlung verschiedener staatlicher und privater Organisationen zum Katastrophenschutz:

www.denis.bund.de

Hilfsorganisationen / Schulungsangebote

Die deutschen Hilfsorganisationen zeichnen sich durch ein hohes persönliches Engagement und eine ausgezeichnete fachliche Ausbildung aus. In extremen Situationen und Großgefahrenlagen sind sie aber auf ihre qualifizierten Mitarbeit angewiesen, um ihren Auftrag zu erfüllen.

www.drk.de
www.dfv.org
www.dlrg.de
www.juh.de
www.malteser.de
www.thw.de
www.asb-online.de

Notfallvorsorge und Ernährungsprobleme

➤ **Bundesministerium für Ernährung, Landwirtschaft und Verbraucherschutz (BMELV)**

Dienstsitz Berlin:
Besucheranschrift: Wilhelmstr. 54, 10117 Berlin
Postanschrift: 11055 Berlin
Telefon: 030/18529-0
Telefax: 030/18529-3179
E-Mail: poststelle@bmelv.bund.de
Internetadresse   http://www.ernaehrungsvorsorge.de
Internetrechner für Berechnung des Nahrungsmittelbedarfs
http://www.ernaehrungsvorsorge.de/index.php?id=38

➤ **aid infodienst Verbraucherschutz, Ernährung, Landwirtschaft**
www.aid.de

➤ **Bundesamt für Bevölkerungsschutz und Katastrophenhilfe (BBK)**
http://www.bbk.bund.de/

➤ **Akademie für Krisenmanagement, Notfallvorsorge und Zivilschutz**
http://www.bbk.bund.de/

- Bundesministerium für Ernährung, Landwirtschaft und Verbraucherschutz (BMELV)
  http://www.bmelv.de/

- Bundesanstalt für Landwirtschaft und Ernährung (BLE)
  www.ble.de

- Internetangebot des Ministeriums für Ernährung und ländlichen Raum Baden-Württemberg
  www.mlr.baden-wuerttemberg.de/cgi/styleguide/content.pl?ARTIKEL_ID=1120

- Internetangebot der Senatsverwaltung für Wirtschaft, Arbeit und Frauen Berlin
  www.berlin.de/

- Internetangebot des Sächsischen Staatsministeriums für Umwelt und Landwirtschaft
  www.smul.sachsen.de/de/wu/landwirtschaft/notfallvorsorge/index_646.html

- Internetangebot des Thüringer Ministeriums für Landwirtschaft, Naturschutz und Umwelt
  www.thueringen.de/de/tmlnu/themen/lawi/ernaehrung/

- Broschüre des Bayerischen Staatsministeriums für Landwirtschaft und Forsten
  www.stmlf.bayern.de/markt/ernaehrungsvorsorge/

- Schweizerisches Bundesamt für wirtschaftliche Landesversorgung
  www.bwl.admin.ch/deutsch/default.asp

Allgemeine Informationen zu Ernährungsfragen

> **aid infodienst**
> Verbraucherschutz · Ernährung · Landwirtschaft e. V.
> Friedrich-Ebert-Straße 3
> 53177 Bonn
> Telefon: 0228/8499-0
> Telefax: 0228/8499-177
> Internet: www.aid.de

Literatur

aid e.V., *Haltbarmachen von Lebensmitteln*, Heft 1270.
    http://www.aid.de/shop/shop_detail.php?cat=1&id=2252

aid, e.V., *Trinkwasser*, Heft 1481
    http://www.aid.de/shop/shop_detail.php?cat=1&id=3156

Ministerium für Ernährung und ländlichen Raum Baden-Württemberg, *Lebensqualität sichern – Private Vorratshaltung für den Notfall gibt ihnen Sicherheit und immer ein gutes Gefühl*, Stuttgart 1996.

Bundesamt für wirtschaftliche Landesversorgung, *Haushaltsvorrat – damit der Fall der Fälle nicht zur Falle wird*, Bern 1997.

Deutsche Gesellschaft für Ernährung, Österreichische Gesellschaft für Ernährung, Schweizerische Gesellschaft für Ernährungsforschung (Hg.), *Referenzwerte für die Nährstoffzufuhr*, Umschau Braus, Frankfurt/M. 2000.

B. Ausrüstungen und Versender

Survival- und Expeditionsausrüster:

➢ **Globetrotter** hat in mehreren deutschen Städten große Niederlassungen, versendet per Katalog und Internet. Die Mitarbeiter sind hervorragend informiert und beraten freundlich und kompetent. Da Globetrotter sich qualitativ sehr hochwertig orientiert, ist ein Preisvergleich zu empfehlen:

    Globetrotter Ausrüstung
    Denart & Lechhart GmbH
    Bargkoppelstieg 10–14
    22145 Hamburg

    Telefon: 040 / 679 66 179
    Telefax: 040 / 679 66 186
    e-mail: info@globetrotter.de
    Internet: http://www.globetrotter.de /

➢ **Därr** ist der typische Expeditionsausstatter und verfügt über eigene langjährige Erfahrungen auf diesem Gebiet. Bis hin zu Fahrzeugkomponenten gibt es aber auch gebrauchte praktische Dinge aus dem Militärbereich. Die Beratung ist äußerst kompetent.

    Därr Expeditionsservice GmbH
    Theresienstr. 66
    80333 München

    Telefon: 089/28 20 32
    Telefax   089/28 25 25
    e-Mail: info@daerr.de
    Internet: http://www.daerr.de/

Militaria-Ausrüster

Folgende Firmen sind typische Militärausstatter, die über ein überaus reiches Sortiment an neuen und gebrauchten Militärausrüstungen verschiedener Armeen verfügen. Erfahrungsgemäß sind Militärausrüstungen sehr robust und praktisch durchdacht. Empfehlung!

Sturm Handels GmbH
Graf-Bentzel-Str. 85
72108 Rottenburg
Telefon: 074 72/16 08–0
Telefax: 074 72/16 08–99
e-Mail: sturm@sturm-miltec.de

Sturm Handels GMBH
Arneburger Strasse 37
39590 Tangermünde
Telefon: 039322/9 33 0
Telefax: 039322/9 33 50
e-Mail: tm@sturm-miltec.de
Internet: http://www.sturm-miltec.de/start.html

H. Räer GmbH, Ausrüstungen
Postfach 10 10 45
31110 Hildesheim
Telefon: 05121/7 48 76 60
e.mail: verkauf@raeer.com,
info@raeer.com, service@raeer.com,
Internet: http://www.raeer.com/

W. Mayer, Dipl.-Ing.
Mühlberg 1
D-94140 Ering am Inn
Telefon: 08573/1363
Telefax: 08573/1667
e-mail: w.mayer@mayer-ausruestungen.de
Internet: http://www.mayer-ausruestungen.de/

RANGER-SHOP.de®
Versandzentrale:
Industriestraße 5
24790 Schacht-Audorf
Telefon: 04331/86 86–0
Telefax: 04331/86 86–86
e-Mail: info{@}ranger-shop.de
Internet: http://www.ranger-shop.de/
http://www.ranger-onlineshop.de/1667800-.ahtml-helm

Die Firma Dehler verkauft auch medizinische Ausrüstung.

Firma Dehler
Alte Reichsstraße 48
86356 Neusäß/Steppach (bei Augsburg)
Telefon: 0821/208 26 91
Telefax: 0821/45 30 95 96
e-mail: info-2007@zivilschutz-depot.de
Internet: http://www.zivilschutz-depot.de/
www.spezial-depot.de
www.trekking-depot.de

Signale!

Der beste Preis, allerdings nur Internetversender:

http://www.adler-armee.de/assets/s2dmain.html?
http://www.adler-armee.de/000000991d0852751/0f132899270624049.html

pyroweb GmbH
Schumannstrasse 10
09120 Chemnitz
Telefon: 0371/90973-0
e-mail: mail@pyroweb.de
Internet: http://www.pyroweb.de
http://www.pyro-artikel.de/magnesiumfackel-bengalo-handfackel-straklichtfackel-rot-seenothandfackel.html

Rapp Service Maritim
Winsbergring 8
22525 Hamburg
Telefon: 040/67 50 96-0
Telefax: 040/67 50 96-11
e-Mail: info@cosalt.de

Fritz Sauer KG
Kunst-Feuerwerk-Fabrik
Westendstraße 19
86368 Gersthofen bei Augsburg
Telefon: 0821/49 60 75
Telefax: 0821/49 33 19
Internet: http://www.feuerwerk-sauer.de/sortiment/warnfackel/index.html

Selbstverteidigung

SDG-Darmstadt
Mainzer Str. 79
64293 Darmstadt
Telefon: 06151/6 67 43 68
Internet: http://www.security-discount.com/

Gustav Jehn GmbH
Postfach 1827
59528 Lippstadt
Telefon: 02941/29090
Telefax: 02941/23418
e-mail: gustav@jehn.de

Schutzanlagen u. Bunker

ABCguard safety systems gmbh
Rudolf-Diesel-Weg 10
30419 Hannover
Internet: http://www.abcguard.de

Die beste Auswahl an Messern

Heinrich Böker Baumwerk GmbH
Postfach 101204
42612 Solingen
Telefon: 0212/401230
e-mail: HeinrBroker@baker.de

Medizin-Ausrüster/Versender

http://www.pfitzner.de/shop/index.php/cPath/48/category/vogelgrippe.html

Medizinische Ratgeber

Robert Koch-Institut
http://www.rki.de

Informationsblätter des Robert Koch-Instituts
zu *Infektionskrankheiten*:

http://www.rki.de/cln_049/nn_205772/DE/Content/InfAZ/Steckbriefe/Steckbriefe__120606,templateId=raw,property=publicationFile.pdf/Steckbriefe_120606.pdf

http://www.rki.de/cln_049/nn_494674/DE/Content/Infekt/EpidBull/Merkblaetter/merkblaetter__node.html?__nnn=true

Meldedaten im Epidemiologischen Bulletin

http://www.rki.de/DE/Content/Infekt/EpidBull/epid__bull__node.html

Reisehinweise, Länderinformationen, Situationsberichte
zu den betroffenen Gebieten:

http://www.auswaertiges-amt.de

CDC zu Naturkatastrophen:

http://www.bt.cdc.gov/disasters/

CDC zu Hurricans:

http://www.bt.cdc.gov/disasters/hurricanes/index.asp

CDC zu Flutkatastrophen:

http://www.bt.cdc.gov/disasters/floods/

CDC zu Arbeitsschutz bei Sturm und Flutschäden

http://www.bt.cdc.gov/disasters/hurricanes/workers.asp

Adressen der Tropeninstitute in Deutschland

Institut für Tropenmedizin Berlin
Spandauer Damm 130
14050 Berlin
Telefon: 030/30 11 66

Universitätsklinikum Rudolf Virchow
Standort Wedding
II. Medizinische Abteilung
Augustenburger Platz 1
13353 Berlin
Telefon: 030/45 05-0

Institut für Medizinische Parasitologie der Universität Bonn
Sigmund-Freud-Str. 25
53105 Bonn
Telefon: 0228/287-5673

**Institut für Tropenmedizin
Städtisches Klinikum Dresden-Friedrichstadt**
Friedrichstr. 41
01067 Dresden
Telefon: 0351/4 96 31 72

Tropenmedizinische Ambulanz
Klinik für Gastroenterologie, Hepatologie und Infektiologie
Universitätskliniken
Heinrich-Heine-Universität Düsseldorf
Moorenstr. 5
40225 Düsseldorf
Telefon: 0211/811-7031

Bernhard-Nocht-Institut für Tropenmedizin
Bernhard-Nocht-Str. 74
20359 Hamburg
Telefon: 040/42818-0

Abteilung für Tropenhygiene und Öffentliches Gesundheitswesen der Universität Heidelberg
Im Neuenh. Feld 324
69120 Heidelberg
Telefon: 06221/562905
Telefax: 06221/565948

Abteilung für Infektions- und Tropenmedizin
Klinik für Innere Medizin IV der Universität Leipzig
Härtelstr. 16–18
04107 Leipzig
Telefon: 0341/9724971

Städtisches Klinikum St. Georg
II. Klinik für Innere Medizin
Delitzscher Str. 141
04129 Leipzig
Telefon: 0341/90900

Abteilung Infektions- und Tropenmedizin
Leopoldstr. 5
80802 München
Telefon: 089/2180-3517
Telefax: 089/336038

Augenklinik der Universität München Abteilung für Präventiv- und Tropenophthalmologie
Mathildenstr. 8
80336 München
Telefon: 089/5160-3824

Infektionsklinik
Klinikum Ernst von Bergmann Potsdam
In der Aue 59–61
14480 Potsdam
Telefon: 0331/241834

Abteilung für Tropenmedizin und Infektionskrankheiten der Universität Rostock
Ernst-Heydemann-Str. 6
18056 Rostock
Telefon: 0381/4940
Telefax: 0381/396586

Institut für Tropenmedizin der Universität Tübingen
Keplerstr. 15
72074 Tübingen
Telefon: 07071/2982365

Tropenklinik Paul-Lechler-Krankenhaus
Paul-Lechler-Str. 24
72074 Tübingen
Telefon: 07071/2060

Sektion Infektionskrankheiten und Tropenmedizin
Medizinische Klinik und Poliklinik der Universität Ulm
Robert-Koch-Str. 8
89081 Ulm
Telefon: 0731/5002 4427
Telefax: 0731/5002 4422

Tropenmedizinische Abteilung
Missionsärztliche Klinik
Salvatorstr. 7
97074 Würzburg
Telefon: 0931/791-2821

Wetter

Deutscher Wetterdienst DWD

http://www.dwd.de/de/WundK/Warnungen/index.htm

Schweizer Internetseite mit Hinweisen für ganz Europa

http://www.meteoalarm.eu

C. Literaturempfehlungen

Survival

John Boswell, *US-Army Survival Handbuch*
Pietsch Verlag, Stuttgart, ISBN 3-87943-838-2
http://www.wilderness-survival.net/chp1.php

Rüdiger Nehrberg, *Die Kunst zu überleben*, München ^{7}2004.

Gerhard Buzek, *Das große Buch der Überlebenstechniken*, München 2001.

Medizin

Manuel Werner, *Wo es keinen Arzt gibt – Medizinisches Notfallhandbuch*
Peter Rump Verlags- und Vertriebsges. MbH., Bielefeld
ISBN 3-922376-35-5

Rolf Kretschmer, *Notfallmedikamente von A – Z* , Wissenschaftliche Verlagsgesellschaft mbH Stuttgart, ^{5}2005 , 324 Seiten, zahlreiche Tabellen.

Eberhard Hartmann, *Das Große Handbuch der Hausmittel*, Tübingen ^{2}2002.

Gerhard Leibold, *Das große Hausbuch der Naturheilkunde*, Niedernhausen 1995.

Katastrophen- und Notfallmedizin

http://www.dgkm.org/de/index.html

Robert-Koch-Institut
http://www.rki.de

Winfried Glass, *Allein gelassen in der Katastrophe?*
Beta Verlag, Bonn 2005, ISBN 3-927 603 92-9

Homöopathie

http://www.homoeopathische-hausapotheke.de/

Eric Meyer, *Das große Handbuch der Homöopathie. Ein Ratgeber für die ganze Familie,* München 2003.

Norbert Enders, *Enders' Handbuch Homöopathie,* Heidelberg 2002.

Norbert Enders, *Enders' Homöopathische Hausapotheke,* Heidelberg 1999.

Beth MacEoin, *Handbuch der praktischen Homöopathie. Der umfassende Führer zur Selbstheilung*

Ratgeber

François Couplan, *Wildpflanzen für die Küche,* AT-Verlag, Aarau–München ³2003.

Hildegard Rust, *Vorratshaltung leicht gemacht,* Augsburg 1996.

Bruno K. Kremer, *Heilpflanzem,* Stuttgart 2000.

Geheimnisse und Heilkräfte der Pflanzen, Zürich–Stuttgart–Wien 1980.

D. Checklisten zu allen Bereichen der Notfallvorsorge

Grundsätzliches

Auf den folgenden Listen finden Sie Grundempfehlungen. Diese sind individuell zu erweitern.

Jeder sollte sorgfältig prüfen, was und wofür er sich ausrüstet, nichts ist hinderlicher als zuviel Ausrüstung, Lebensmittel, die zwar gut schmecken, aber nicht nahrhaft sind, Kleidung, die zwar gut aussieht, aber nicht wärmt, überlagerte Medikamente.

- ➤ Die beste Notfallplanung ist diejenige, die Sie jetzt machen.
- ➤ Sprechen Sie mit Freunden und Nachbarn!
- ➤ Prüfen Sie Ausrüstung und Vorräte!
- ➤ Planen Sie klug und vorausschauend!
- ➤ Es geht um Ihre Sicherheit und die Ihrer Familie.

Checkliste ›Handeln im Notfall‹

Die Sicherung von Leben gilt als oberstes Prinzip!

Wenn Menschen verletzt worden sind, muß schnell gehandelt werden.

1. Leisten Sie Erste Hilfe!
2. Sichern Sie die Schadenstelle!
3. Rufen Sie Hilfe – Fußgänger, Autofahrer!
   Sie können mit jedem Mobiltelefon – auch ohne Karte – jederzeit kostenfrei die Notrufnummer 112 anrufen.
4. Bei Meldung an jegliche Behörde bitte präzise Angaben!
   - Wo ist es geschehen?
   - Was ist geschehen?
   - Wie viele Personen sind verletzt?
   - Welcher Art sind die Verletzungen?
   - Warten Sie auf Rückfragen!

Bei einem Unfall mit einem Gefahrgut-Transporter nennen Sie die oberen Zahlen auf der orangefarbenen Warntafel am Fahrzeug!
Nutzen Sie die Zeit bis zum Eintreffen der Hilfsdienste zur Hilfeleistung!

Wichtige Notrufnummern

Land	Polizei	Feuerwehr	Rettungsdienste
Deutschland	110	112	112
Österreich	133	112	112
	122	122	144
Schweiz	112	118	144
	117		

Checkliste ›Signale und Kommunikation‹

Sirenensignale und ihre Bedeutung

Sirenensignale für Feuerwehren und Zivilschutz sind in Deutschland, Österreich und Südtirol einheitlich geregelt.

Sirenenprobe:

Die Sirenenprobe wird von der jeweiligen Alarmzentrale durchgeführt. Für den Probealarm gibt es keine einheitliche Regelung auf den Wochentag oder, wie oft getestet wird.

Dauerton: 3 x 15 Sekunden, Unterbrechung 2 x 7 Sekunden.

Sirenentöne:
- Feuerwehr
- Katastrophenalarm
- Entwarnung (Katastrophenalarm)

Feuerwehr:

In den meisten Feuerwehren von Deutschland wird mit Funkalarmempfängern alarmiert. Jedoch kann bei Bedarf zusätzlich mit der Sirene alarmiert werden.

Dauerton: 3 x 15 Sekunden, Unterbrechung 2 x 7 Sekunden.

▬▬▬▬   ▬▬▬▬   ▬▬▬▬

Katastrophenalarm:

Der Katastrophenalarm dient zur Warnung der Bevölkerung. Maßnahmen:
- Schützende Räumlichkeiten aufsuchen (Gebäude)
- Passanten aufnehmen
- Auf Durchsagen über Lautsprecher oder Radio achten
- Türen und Fenster schließen

1 Minute Heulton   〰〰〰〰〰〰

Entwarnung (Katastrophenalarm):

Am Ende der Gefahr gibt es einen Entwarnungston. Falls es für den normalen Lebenslauf noch irgendwelche Einschränkungen geben sollte, wird dies über das Radio verkündet.

1 Minute Dauerton   ▭▭▭▭▭▭

Checkliste ›Kommunikation‹

- Radio (Weltempfänger) + Batterien
- Liste mit Radiofrequenzen (Deutschlandwelle, Regionalsender, BBC usw.)
- Mobiltelefon einschließlich Ladegerät (voraussichtlich nur die erste Zeit nutzbar)
- Paar Handfunkgeräte + Batterien
- Wichtige Telefonnummern von Notdiensten, Behörden, Verwandtschaft, Freunden
- Spiele nicht vergessen! Würfel oder Spielkarten wirken abends Wunder.

Signaleinstrumente

- Leuchtschußgerät (grün, weiß, rot, Seglerbedarf)
- Nebelkerzen (Seglerbedarf oder Militaria-Handel)
- Fackeln – sind besser als nichts, bei schlechter Wetterlage jedoch problematisch
- Magnesiumfackeln gibt es in Rot und Weiß. Es ist darauf zu achten, daß Gase nicht eingeatmet werden!
- Feuer – Haben Sie keine weiteren Hilfsmittel zur Verfügung, kann tagsüber ein Feuer mit starker Rauchentwicklung helfen.

◆ Achtung! Die Preise der Hersteller variieren sehr stark. Achten Sie auf die Brenndauer beim Preisvergleich!

Checkliste Dokumente

- Verpackung (wasserdicht)
- Personalausweis/Reisepaß pro Person
- Familienurkunden (Geburts-, Heirats-, Sterbeurkunden) bzw. Stammbuch
- Zeugnisse (Berufsausbildung, Hochschulabschlüsse)
- Befähigungsnachweise (z. B. Pilotenschein, Kapitänspatent, usw.)
- Führerschein
- Fahrzeugschein und/oder Fahrzeugbrief
- Sparbücher, Aktien usw.
- Krankenkassenkarte
- Versicherungspolicen und gegebenenfalls Zahlungsbelege
- Renten-, Pensions- und Einkommensbescheinigungen
- Verträge, Grundbuchauszüge, Testament u. ä.
- Dokumentation Ihres Eigentums in Form von Fotos
- Wichtige Telefonnummern
- Kopien wichtiger Dokumente können bei Dritten hinterlegt werden. Kopien von Geburtsurkunden u. a. müssen beglaubigt werden. Zur Sicherheit können die Kopien wasserdicht eingeschweißt werden.

Checkliste ›ABC-Schutz‹

- Schutzanzug: Einmal-Overall mit Haube mit Penetrationsschutz – möglichst mit integriertem Füssling – 1 Stück
- Mund-Nasenschutz: partikelfiltrierende Halbmaske EN 149 FFP 3 S / L / V – 1 Stück
- Kopfhaube: kann bei Overall-Haube entfallen – 1 Stück
- Einmal-Schutzbrille mit indirekter Belüftung – 1 Stück
- Schutzhandschuhe: Nitril / Vinyl, Dichtigkeit gem. DIN EN 455-1 – extra lang – 2 Paar
- Überziehschuhe – nur wenn kein Overall mit Füßling enthalten ist – 2 Stück
- Entsorgungsbeutel: Kennzeichnung: Abfallgruppe C – 1 Stück
- Verpackung: Folienschutzbeutel mit Snap-Verschluß – 1 Stück

ABC-Schutz

- Staub-Mundschutz (Baumarkt)
- 4 ABC-Gasmasken
- 20 ABC-Gasmaskenfilter
- 1-3 Dekontaminations-Notfallpack (Bundeswehrshop)

Wasserreinigung und Wasserspeicher

- Micropur für 1000 Liter oder Certisil argento Pulver
- Wasserfilter mit Ersatzfiltern (Katadyn-Filter o. a.)
- Wasser-Falt-Kanister 10-20 Liter

Checkliste ›Vorratshaltung‹*

Lebensmittel	Menge	Haltbarkeitsdatum
○ Getränke		
○ Wurstkonserven		
○ Fischkonserven		
○ Fleischkonserven	1–2 kg	
○ Obstkonserven	3,5 kg	1–2 Jahre
○ Gemüsekonserven	5,5 kg	1–2 Jahre
○ Fertiggericht- und Suppenkonserven		
○ Marmelade, Honig	0,5 kg	1 Jahr
○ Kondensmilch (Dosen)	5 à 170 g	6–12 Monate
○ Milchpulver	0,5 kg	6–12 Monate
○ Käse	0,25 kg	6 Monate
○ Speiseöl, Schmalz		
○ Pflanzenfette	0,5 kg	
○ Zucker		
○ Dauerbrot	5,5 kg	1 Jahr
○ Nährmittel (Haferflocken, Teigwaren)	0,5 kg	1 Jahr
○ Salz, Gewürze		
○ Kaffee oder Kaffee-Extraktpulver	nach persönlichem Bedarf	unbegrenzt
○ Schwarzer- oder Kräutertee	0,5 kg	1 Jahr
○ Vitamine (Tabletten)		
○ Eiweißpulver	optional	

○ HD – Haltbarkeitsdatum, Vakuumverpackte Lebensmittel wie z.B. Eiweiß- oder Milchpulver sind sehr lange lagerfähig, Milchprodukte sollten eine Gesamtmenge von 3,5 kg aufweisen.

* pro Person

Checkliste ›Hygiene‹

- Seife pH-neutral
- Schmierseife
- Waschmittel (2 Tuben)
- Zahnbürste
- Zahnpasta
- Einweggeschirr und -besteck
- Toilettenpapier
- Müllbeutel
- Desinfektionsmittel
- Haushaltshandschuhe
- Nagelschere
- Nagelfeile
- Handtuch
- Rasierzubehör
- Mückenschutz
- Sonnenschutzcreme
- Handspiegel
- Campingtoilette

Checkliste ›Hausapotheke‹

- Rettungsdecke
- Dreieckstuch
- Augenklappe
- Verbandschere
- Verbandpäckchen groß 2 x Mullbinden 10cm breit
- Verbandpäckchen klein 2 xMullbinden 4 cm breit
- Pflasterwundverband 6cm breit
- Brandwundenpäckchen
- 1x Idealbinde 2,5cm
- Heftpflaster 4,5cm
- Paket Sicherheitsnadeln
- 2x Einweg-Handschuhe
- Fieberthermometer
- Pinzette
- Fußpuder
- Wund-/Heilsalbe
- Wunddesinfektionsmittel (Neo-Ballistol, Alkohol o.a.)
- Canesten (bei Pilzerkrankungen der Haut)
- Kohletabletten (N2/N3, Immodium) + Abführmittel
- Schmerzmittel (Paracetamol, Voltaren, Diclofenac, Aspirin)
- Jod-Tabletten 100mg zur Jodblockade der Schilddrüse
- Breitbandantibiotikum (Beratung durch den Arzt oder Apotheker)
- Doxycyclin

➢ Medizinisch ausgebildete Personen, Sanitäter u.a. werden eine erweiterte Notfallvorsorge treffen, ebenso kranke Personen mit besonderem Medikamentenbedarf.

Checkliste ›Verhalten bei Gefahr durch chemische Stoffe‹

- *Aufenthalt im Freien:* Beim Anzeigen einer Gefahr, z. B. Sirenenton, sofort das nächste bewohnte Haus aufsuchen.
- Sollte schon ein Ereignis im näheren Bereich geschehen sein, quer zur Windrichtung bewegen, Atemschutz benutzen (falls nicht anders vorhanden OP-Maske anlegen oder mit feuchten Tüchern o.ä. improvisieren).
- Aufwirbeln und ungeschütztes Einatmen von Staub, Qualm usw. vermeiden.
- *Im Auto:* Fenster schließen, Lüftung oder Klimaanlage ausschalten, Radio mit lokalem UKW-Sender einschalten. Sofort zum nächsten bewohnten Haus fahren.
- *Im Haus:* Bei Gefahr einer Kontamination mit gefährlichen Stoffen Oberbekleidung und Schuhe bei Betreten des Hauses wechseln, diese außerhalb des Wohnbereichs aufbewahren.
- Lokalen Radiosender auf UKW einschalten. Beachten Sie die Durchsagen der Behörden und Einsatzkräfte!
- Informieren Sie die anderen Hausbewohner, nehmen Sie gefährdete Passanten auf!
- Gesicht, Nase, Ohren, Haare und Hände intensiv unter fließendem Wasser waschen.
- Suchen Sie so schnell wie möglich geschützte Räume auf!
- Meiden Sie Keller oder andere niedrig gelegene Räume!
- Dichten Sie Fenster, Türen und andere Öffnungen gegen einströmende belastete Luft ab! Abschalten von Klimaanlagen und Ventilatoren.
- Wenn brennbare Gase ausgetreten sind oder ein solcher Verdacht aufgrund der Unfallumstände besteht, sofort Strom abschalten (Explosionsschutz).
- Vermeiden Sie unnötigen Sauerstoffverbrauch!
- Benutzen Sie beim Eindringen gefährlicher Substanzen vorhandene Atemschutzgeräte, notfalls Mundschutz wie zum Beispiel OP-Maske oder Tücher!
- Telefonieren Sie nur in Notfällen!
- Bleiben Sie im Gebäude, bis Entwarnung gegeben wird!
- Nach der Entwarnung alle Räume lüften.
- Haben Sie Tiere – Weidetiere im Stall belassen und so lange nicht

mit Frischfutter aus der Umgebung versorgen, bis auch hierfür eine Entwarnung vorliegt.
- Nach dem Durchzug einer Schadstoffwolke, die Schadstoffe auf dem Boden und anderen Flächen abgelagert hat, ist unbedingte Sauberkeit erforderlich:
  - Schuhe vor dem Betreten der Wohnung ausziehen.
  - Gesamte Wohnung, Mobiliar und Teppiche feucht reinigen.
  - Täglich duschen und besonders gründlich waschen.
  - Haus und unmittelbare Umgebung mit Wasserschlauch abspritzen.
  - Bei allen Reinigungsarbeiten Staubaufwirbelung vermeiden.
  - Kein Obst und Gemüse aus dem Garten essen.
- Oberflächenwasser sollte nur im äußersten Notfall unter Verwendung von Filterpumpen getrunken werden (auch antibakterielle Behandlung beachten).

Checkliste ›Verhalten bei Gefahr radioaktiven Fallouts‹

Beim Anzeigen einer Gefahr, zum Beispiel Sirenenton, sofort das nächste bewohnte Haus aufsuchen.
- Sollte schon ein Ereignis im näheren Bereich geschehen sein, quer zur Windrichtung bewegen, Atemschutz benutzen, mit Tüchern o.ä. improvisieren.
- Aufwirbeln und Einatmen von Staub vermeiden.
- *Im Auto:* Fenster schließen, Lüftung oder Klimaanlage ausschalten, Radio mit lokalem UKW-Sender einschalten. Sofort zum nächsten bewohnten Haus fahren.
- *Im Haus:* Bei Gefahr einer Kontamination mit radioaktiven Stoffen Oberbekleidung und Schuhe bei Betreten des Hauses wechseln, diese außerhalb des Wohn- oder Schutzbereichs aufbewahren.
- Lokalen Radiosender auf UKW einschalten. Beachten Sie die Durchsagen der Behörden und Einsatzkräfte!
- Informieren Sie die anderen Hausbewohner, nehmen Sie gefährdete Passanten auf!
- Gesicht, Nase, Ohren, Haare und Hände intensiv unter fließendem Wasser waschen.
- Suchen Sie so schnell wie möglich tiefer gelegene und/oder geschützte Räume auf!
- Dichten Sie Fenster, Türen und andere Öffnungen gegen einströmende kontaminierte Luft ab! Abschalten von Klimaanlagen und Ventilatoren.
- Vermeiden Sie unnötigen Sauerstoffverbrauch!
- Nicht an Fenstern oder Türen aufhalten. Bei starker Luftdruckentwicklung könnten diese eingedrückt werden und Sie verletzen.
- Telefonieren Sie nur in Notfällen!
- Bleiben Sie im Gebäude, bis Entwarnung gegeben wird, oder benutzen Sie die entsprechende Schutzkleidung! Dekontaminierung beachten.

➢ Achtung bei Verzehr von Gemüse, Obst, Trinkwasser usw. aus dem Außenbereich!

Sie dürfen nicht oder erst nach intensiver Säuberung konsumiert werden. Oberflächenwasser sollte nur im äußersten Notfall unter Verwendung von Filterpumpen getrunken werden.

Checkliste ›Notgepäck‹

- Rucksack mit Tragesystem (mind. 2teilig, wasserdicht)
- Schlafsack (wetterfest, bis –15 Grad)
- Isoliermatte/Luftmatraze
- Zelt (doppelwandig für mindestens 2 Personen)
- Plane als Regenschutz/Bodenisolierung (Tarp, 3x3 m, mit Ösen)
- Erste-Hilfe-Material u. Medikamente für den persönlichen Bedarf
- Rettungsfolie
- Rundfunkgerät mit UKW und Mittelwelle (Reservebatterien)
- Taschenlampe (Reservebatterien, passend auch für Radio)
- Verpflegung für mindestens 2 Tage in wasserdichter Verpackung
- Wasserentkeimungstabletten (Micropur) und/oder Wasserfilter (Katadyn)
- Trinkflasche (Aluminium)
- Eßgeschirr und –besteck
- Messer und/oder Multi-Tool-Werkzeug
- Messer (feststehend, mindestens 20 cm-Klinge)
- Handaxt u. U. Handsäge
- Klappspaten
- Feuerzeug/Streichhölzer
- Notkocher und Brennstofftabletten oder Gaskartuschen
- Schnur (bis 100kg Belastung, 15 m)
- Brille (je nach Jahreszeit auch Sonnenbrille)
- Hygienebedarf + Toilettenpapier
- Ballistol (medizinisch hochreines Vielzwecköl)
- Angelset (Angelsehne, verschiedene Haken)
- Kompaß
- SOS-Kapsel für Kinder mit Angaben zu deren Person
- Dokumentenmappe (wasserdicht)
- Kugelschreiber, Notizblock Leuchtfarbenkreide Signalpfeife
- 2 x Set Nadeln, Zwirn; Spezialnadeln u.Zwirn für Lederreparatur
- Expeditionslicht/Laterne + Kerzen
- Wasser-Falt-Kanister 10–20 Liter

Checkliste ›Kleidung‹

- ○ 1 Paar feste Wanderschuhe (sie sollten eingelaufen sein)
- ○ 1 Paar Sandalen
- ○ 1 wind- und wasserfeste Outdoorjacke
- ○ 1–2 Fleecejacken (mit hohem Kragen)
- ○ 2 strapazierbare Hosen (Jeans vermeiden)
- ○ T-Shirts (mindestens 2)
- ○ Unterwäsche (2 x, atmungsaktiv, warm, leicht – lang oder kurz je nach Jahreszeit)
- ○ Socken (3 Paare, warme Socken passend zu den Wanderschuhen)
- ○ Regenbekleidung, Abdeckung des Rucksacks beachten
- ○ Handschuhe (robust, u. U. als Arbeitshandschuhe verwendbar)
- ○ Halstuch (auch als Schweißtuch o. ä. einsetzbar)
- ○ Gesichtsmaske
- ○ Mütze

Behelfsmäßige Schutzkleidung:

- ○ Schutzhelm (z. B. Arbeitsschutzhelm, Sturzhelm)
- ○ Bei chemischen oder radioaktiven Gefahren Schutzmaske oder Schutzhaube mit Kombinationsfilter; mindestens aber Halbmaske mit gasdichter Schutzbrille. Schutzbekleidung wie z. B. Seglerbekleidung (Jacke und Hose) oder langer Regenmantel mit Kapuze.
- ○ Strapazierfähige Schuhe mit hohem Schaft oder Gummistiefel, möglichst dicke Sohlen

Checkliste ›Werkzeugkoffer‹

- Arbeitshandschuhe
- Hammer
- Kombi- und Rohrzange
- Schraubendreher Kreuzschlitz + Normal (je 2 Größen)
- Spannungsprüfer für elektrische Leitungen
- Schachtel mit langen Nägeln und Schrauben
- Ast- und/oder Baumsäge (z. B. im Outdoor-Bedarf gibt es Sägen mit kleinem Packmaß)
- Multitool-Werkzeug (z. B. Gerber, Leatherman)
- Messer mit durchgehender Klinge (min. 20 cm)
- Axt oder robustes Handbeil (z. B. Fiskars, Gränsfors)
- Seil 20 m (mind. Durchmesser 0,80 cm)
- Karabinerhaken
- Umlenkrolle
- Rolle Bindedraht,
- Packung Kabelbinder (extralang)
- Rolle breites Isolierband zum Abdichten (Gaffertape oder Paketband)
- Zündhölzer (wasserdicht verpackt) und/oder ausreichende Menge Sturmzündhölzer
- Feuerzeuge nachfüllbar + Feuerzeuggas
- Klappspaten
- Taschenlampe + Ersatzbatterien

Notfall-Rufnummern
Verhalten bei Unfällen
Ruhe bewahren

■ Unfall melden

    Ersthelfer: _____ ☎ _____

    Wo geschah es?
    Was geschah?
    Wie viele Verletzte?
    Welche Arten von Verletzungen?
    Warten auf Rückfragen!

■ Erste Hilfe

    Absicherung des Unfallortes
    Versorgung der Verletzten
    Auf Anweisungen achten

    Rettungsdienst: _____ ☎ _____
    Arzt: _____ ☎ _____
    Durchgangsarzt: _____ ☎ _____

■ Weitere Maßnahmen

    Rettungsdienste einweisen

    Sicherheits-
    beauftragter: _____ ☎ _____

    Fachkraft für
    Arbeitssicherheit: _____ ☎ _____

    Betriebsarzt: _____ ☎ _____

Ihre zuständige Bezirksverwaltung:

☎ _____

VBG
Ihre gesetzliche Unfallversicherung

www.vbg.de

Abbildungen, Nachweis

François Couplan, *Wildpflanzen für die Küche,* AT-Verlag, Aarau–München ³2003 – Seite203

Otto Hegg u.a., *Geheimnisse und Heilkräfte der Pflanzen,* Das Beste, Zürich–Stuttgart–Wien ²1980.

Bruno P. Kremer, *Heilpflanzen,* Franckh-Kosmos, Stuttgart 2000.

Gerhard Leibold, *Das große Hausbuch der Naturheilkunde,* Niedernhausen 1995 – Seite 100, 101, 105

Hildegard Rust, *Vorratshaltung leicht gemacht!,* Bechtermünz, Augsburg 1996 – Seite 54

Christoph Stölzl (Hg.), *Deutsche Geschichte in Bildern,* Koehler & Amelang, München–Berlin 1997 – Seite 164